Lothar Abicht

Noch lange nicht Methusalem

Katrin Bringmann
Kurt-Degener-Ring 59
31141 Hildesheim

Noch lange nicht Methusalem!

*Warum es sich lohnt,
ständig zu lernen*

Lothar Abicht

Inhalt

Die Angst vor dem demografischen Wandel –
Ein Plädoyer für einen anderen Blick auf die Zahlen

Der Mensch im Mittelpunkt der Arbeitswelt – Ein Plädoyer für einen nachhaltigen Umgang mit der Ressource Arbeitskraft

Lernen an beiden Enden des Tisches – Ein Plädoyer für eine neue Lernkultur

Die Angst vor dem demografischen Wandel

Ein Plädoyer für einen anderen Blick auf die Zahlen

Demografischer Wandel oder demografische Katastrophe?

Reale Bedrohungen und Panikmache

Deutschland ist trotz mancher Panikmache noch immer ein prosperierendes Land. Ein Land, das sich aus den Trümmern des Zweiten Weltkrieges bis in die erste Liga der Industrienationen emporgearbeitet hat. Die Nachkriegsgeschichte Deutschlands ist geprägt durch dynamisches Wachstum und die schrittweise Verbesserung der Lebensbedingungen für die Mehrzahl der Menschen.

Die jüngste, äußerlich so friedliche Vergangenheit unseres Landes ist aber in der Erinnerung vieler Bürger, und noch mehr in der Darstellung mancher Medien, eine Aneinanderreihung von Katastrophen. Was hat uns nicht alles das Leben verleidet! Da war die Energiekrise in den 1970er Jahren, als westdeutsche Autobahnen für Familienspaziergänge und Radausflüge genutzt wurden. Im Osten Deutschlands führte dieselbe Krise einige Jahre später zum Einsatz von Braunkohle als Universalbrennstoff. Ganze Städte verschwanden im Winter unter einer giftigen Dunsthaube. Bedrohlicher war die Katastrophe von Tschernobyl, als die Kernkraft ihre ganze Gefährlichkeit zeigte, in der Sowjetunion Tausende Menschen starben und sich eine Wolke radioaktiven Staubs über Europa ausbreitete. Eine Lageanalyse jagte die nächste – im Westen öffentlich, im Osten geheim. Angesichts der Jahrzehnte währenden Halbwertzeit mancher radioaktiver Isotope hatte man die Befürchtung, die Kinder könnten nie mehr im Sandkasten spielen oder im Wald umherlaufen. Ein weiteres bedrohliches Phänomen war – wenn auch in Ost und West unterschiedlich wahrgenommen – das Waldsterben. Deutsche Wälder würden binnen Jahrzehnten verschwunden sein. Und als Erstes würde es die deutsche Eiche treffen, das Symbol urdeutscher

Kraft und Stärke! Die anderen Bäume würden folgen. Im Grenzgebiet zu Tschechien konnte man die Apokalypse auf den Höhen des Erzgebirges schon live beobachten: Die Schwefeldioxidwolken aus den Braunkohlekraftwerken verwandelten die Region in einen Gespensterwald. Die größte Bedrohung für das Überleben der Menschheit verbarg sich in jenen Jahren jedoch unter der Erde. In Hunderten von Betonsilos und auf unzähligen mobilen Abschussrampen hatten die Atommächte ein Potenzial an Vernichtungskraft aufgebaut, mit dem sie sich mehrfach gegenseitig auslöschen konnten. Der atomare Winter als Folge eines Kernwaffenkrieges schien bevorzustehen. Tatsächlich stand die Welt mehrfach am Rande des atomaren Abgrundes. Mal durch das Pokerspiel machthungriger Politiker während der Kubakrise, mal gaukelten Radarechos der amerikanischen Abwehr den Angriff sowjetischer Luftwaffenverbände auf die USA vor.

All diese Bedrohungen haben die Deutschen in einem zweigeteilten Land zwar unterschiedlich erlebt, aber dennoch ähnlich interpretiert. Irrationale Ängste gesellten sich zu der verständlichen Wut über die unglaubliche Bedenkenlosigkeit und Ignoranz, mit der grundlegende Lebensinteressen missachtet wurden. Doch es gab auch positive Überraschungen. Und so sollte man meinen, aus der deutsch-deutschen Wiedervereinigung und dem Ende der Gefahr eines alles zerstörenden Atomkrieges wäre ein neues Selbstbewusstsein entstanden, das den Umgang mit Krisen und Bedrohungen auf eine rationale Ebene hebt. Doch weit gefehlt. Kaum etwas einigt die Deutschen so sehr wie die Angst vor aktuellen Katastrophen und künftigen Bedrohungen. Ob Ebola-Fieber, BSE-Krise, Salmonellen oder Vogelgrippe – man hört allenthalben dieselben Kassandrarufe. Alle diese Ängste verblassen jedoch angesichts der Angst vor radikalen Terroristen, die Anschläge wie in New York, London oder Madrid planen könnten. Auch der nicht mehr aufzuhaltende Klimawandel mit seinen Auswirkungen auf die Entstehung von Extremwetterlagen, der Versteppung ganzer Landschaften oder seinen desaströsen Folgen für die Wirtschaft lässt uns zu Recht nicht unberührt. Gleiches gilt für die Situation des Arbeitsmarktes, dessen Krise auch den Mittelstand erreicht hat. Diese konkreten Bedrohungen gehen ein in diffuse Generalängste wie die Existenzangst, die Angst vor dem Altern, die Angst vor der Rentenlücke oder einfach die Angst vor Armut, Krankheit und Tod.

In die Folge von Katastrophenszenarien reiht sich die beunruhigende Botschaft von der bevorstehenden demografischen Krise ein. Im Kern besagt sie, dass wir auf dem Weg in eine alternde und vergreisende Gesellschaft sind. Die Botschaft ist einfach: Weil immer weniger Junge immer mehr Alte ernähren, müssten unsere Sozialsysteme kollabieren und unsere Innovationskraft versiegen. An die Stelle einer Gruppe fröhlicher Pensionäre tritt eine alles überflutende Heerschar von grauen, gesichtslosen Kostgängern der Gesellschaft. Diese vermeintlichen Kostgänger sind wir, die jetzt Vierzig- oder Fünfzigjährigen. Wir sind nicht nur Betroffene, wir sind gleichsam Ursache der Krise. So wie bei der Erschöpfung der fossilen Energieträger wird die Entwicklung nicht selten als unabänderlich dargestellt. Es gibt keinen Ausweg – die Krise kommt unaufhaltsam oder sie ist schon da.

Merkmale der Katastrophenängste

Im Ausland hat man für diese diffuse Gemengelage aus realen Bedrohungen und übersteigerten Befürchtungen gegenüber neuen Technologien und Entwicklungen sogar schon einen Begriff gefunden: „German Angst". Ihre Folgen, aber möglicherweise auch ihre Ursachen, spiegeln sich wider in Hunderten mehr oder weniger seriösen Umfragen zum Lebensgefühl der Deutschen, von denen hier nur eine genannt werden soll. Im Auftrag der Zeitschrift NEON wurde im Jahr 2005 unter 2000 jungen Menschen zwischen 18 und 30 Jahren eine Umfrage durchgeführt. Deren Ergebnisse fassen die Autoren wie folgt zusammen: „Die Lage ist hoffnungslos, aber nicht ernst. Zumindest für mich. So denken viele." Ob diese Umfragen wirklich die Stimmung im Lande widerspiegeln oder eher sich selbst erfüllenden Prognosen ähneln, sei an dieser Stelle dahingestellt. Sie beeinflussen aber auf jeden Fall das Meinungsbild und die Innen- und Außenwahrnehmung eines ganzen Volkes.

Fast alle der oben genannten Katastrophenszenarien haben eine Reihe übereinstimmender Merkmale. Erstens basieren sie alle auf realen Bedrohungen. Der atomare Overkill hätte jeden Tag eintreten können, und auch heute sind wir vor ihm nicht sicher. Die Vogelgrippe kann auf den Menschen überspringen und zu einer Pandemie werden. Und selbst die BSE-Krise, deren

Gefahrenpotenzial heute ganz anders eingeschätzt wird als auf dem Höhepunkt der Hysterie vor einigen Jahren, hat durchaus einen realen Kern.

Damit sind wir schon beim zweiten Merkmal. Die Gefahr ist real, aber ob das Befürchtete eintritt und in welchem Maße, ist offen. Es sind gewissermaßen Zukunftsgefahren, vor denen wir uns ängstigen. Die Gegenwart wird meist erst ansatzweise berührt. Dabei gibt es freilich Unterschiede. Bei manchen Gefahren ist es (glücklicherweise) unwahrscheinlich, dass sie uns überhaupt erreichen. Das betrifft z. B. den atomaren Overkill oder die massenhafte Ausbreitung von BSE. Bei anderen ist die Wahrscheinlichkeit des Eintreffens hoch, aber wir wissen nicht, welche Auswirkungen langfristig wirklich damit verbunden sind. Scheinbar unabhängige Ereignisse können sich überlagern und dabei gegenseitig verstärken oder abschwächen. Zusammenhänge zwischen Klimawandel und demografischer Entwicklung sind ein Beispiel dafür. Demografen kommen bei der Betrachtung der Entwicklung in bestimmten Regionen Ostdeutschlands zu einem eindeutigen Urteil. Fehlende Arbeitsplätze haben zu einer beispiellosen Abwanderungswelle junger Menschen, insbesondere junger Frauen geführt. Gleichzeitig gingen die Geburtenraten in den Keller. Die Vergreisung der Regionen ist verbunden mit einem dramatischen Bevölkerungsrückgang, dessen Geschwindigkeit stetig zunimmt. Die Prognosen für diese Regionen sind mehr als düster. Wüstungen des 21. Jahrhunderts, in denen jede Investition im Sand versickert, zeichnen sich ab. Diese Prognosen verstärken den Trend, dass viele junge Leute abwandern, weil die Gegenden als perspektivlos gelten. Hoffnung auf ein Ende dieses Prozesses gibt es eigentlich keine.

Andere Ergebnisse liefern, wie Cordula Tutt und Gert Wagner im Juli 2006 in der ZEIT schreiben, Klimaforscher des Max-Planck-Instituts für Meteorologie. Sie haben Deutschland in zehn mal zehn Kilometer kleine „Vorhersagegebiete" gerastert und prognostizieren, dass gerade die demografischen Krisenregionen des Ostens in wenigen Jahrzehnten in gewisser Weise vom Wetter gesegnet sein könnten. Die Computer sagen für einen Großteil des Ostens nicht nur Trockenheit im Sommer, sondern auch mediterrane Sommer voraus, was manchen Menschen durchaus verlockend erscheint. Dagegen stünden prosperierenden Regionen etwa um Freiburg oder den Bodensee Stürme, Hitze und Trockenheit bevor. Doch auch die Klimaforscher aus Potsdam können nicht sicher sein. Ein Klimamodell der Universität Graz, so Tutt und Wagner, kommt zu dem Schluss, dass es in deutschen Sommern künftig nicht weniger, sondern mehr regnet. Vorhersagen suggerieren uns eine Sicherheit, die es nicht gibt. Da wir aber gern an sie glauben, setzen wir oft auf Vorkehrungen, die zu unflexibel sind. Oder wir unterschätzen unsere Möglichkeiten, entweder das Basisereignis selbst oder zumindest seine Auswirkungen aktiv zu beeinflussen.

Kommen wir zum dritten Merkmal der Katastrophenszenarien: Wir sind ihnen als Gesellschaft nicht hilflos ausgeliefert. Zwar hat der Einzelne oftmals wenige Möglichkeiten zu reagieren. Die Gesellschaft kann es aber doch. Eine Grippe-Pandemie lässt sich durch konsequente Isolation der Betroffenen und noch besser durch die Entwicklung eines Impfstoffes einschränken. Die Geschwindigkeit des Waldsterbens wurde durch Senkung des Schwefeldioxidgehalts in den Abgasen der Kraftwerke gebremst. Auf die irgendwann mit Sicherheit bevorstehende Erschöpfung fossiler Energiequellen kann man mit Energieeinsparung und Nutzung alternativer Energieträger reagieren. Der Klimawandel ließe sich durch konsequente Reduzierung des Ausstoßes von Treibhausgasen zumindest begrenzen. Das ist kein tumber Zukunftsglauben der Sechzigerjahre des 20. Jahrhunderts. Zwar entfalten die komplexen Systeme aus Natur und Gesellschaft oftmals ein Eigenleben, dem man scheinbar hilflos ausgeliefert ist. Gleichzeitig bieten sie aber eine Vielzahl von „Stellschrauben", an denen man ansetzen kann. Katastrophenszenarien mögen ihr Eigenleben entfalten. Unaufhaltsam sind sie nur in seltenen Fällen. So gelang es unseren Vorfahren schon vor mehr als 200 Jahren, die damals für die Eisenmetallurgie scheinbar unverzichtbare Holzkohle durch Steinkohlenkoks zu ersetzen. Gerade rechtzeitig, um die völlige Entwaldung Mitteleuropas und den Zusammenbruch der industriellen Produktion zu verhindern. Im 19. Jahrhundert wurden katastrophale Hungersnöte der angewachsenen Bevölkerung durch chemischen Dünger und neue Anbaumethoden verhindert. Im 20. Jahrhundert wurden durch Impfstoffe und Antibiotika Krankheiten besiegt, die vorher ganze Landstriche entvölkert hatten.

Was verbirgt sich hinter dem demografischen Wandel?

In den folgenden Abschnitten werde ich bewusst nicht mehr von der demografischen Krise, sondern vom demografischen Wandel sprechen. Mein Anliegen ist es gerade, zu zeigen, wie wir als Einzelne und auch als Gesellschaft Strategien entwickeln können, um uns auf die Veränderungen unserer Bevölkerungsstruktur einzustellen. Gelingt das, wird aus der demografischen Krise eine gesellschaftliche und individuelle Herausforderung mit gewaltigen Dimensionen. Die demografische Entwicklung ist dann nicht mehr das Tor zum Weltuntergang, zu dem sie in der Geschichte schon mehrfach erklärt wurde. Anstelle von Alarmismus tritt Gestaltungswillen und auch ein gewisser Optimismus, dass die Probleme zu lösen sind. Ein Blick in die Geschichte lehrt, dass nicht erst in unseren Tagen die demografische Entwicklung Untergangsapologeten auf den Plan gerufen hat. Erwähnt sei z. B. Matthew Arnold[1], der bereits 1869 in seinem Werk „Culture and Anarchy" die Feststellung auf die Tagesordnung folgender Generationen brachte: „It's the demography, stupid!" Oder Malthus[2] mit der Theorie der Überbevölkerung, die als Basis für menschenverachtende ideologische Systeme gedient hat. Heute gehören Zukunftsszenarien einer übervölkerten Erde mit zehn oder zwölf Milliarden Menschen ebenso in diese Reihe wie die Vorstellungen von einer vergreisenden Gesellschaft an der Schwelle zum Untergang.

Doch was sind nun jenseits aller Polemik die *tatsächlichen Merkmale der demografischen Entwicklung?* Beginnen wir auf der globalen Ebene. Hier zeichnen sich zwei (teilweise gegenläufige) Megatrends der Bevölkerungsentwicklung ab. Erstens beobachten wir eine rasant zunehmende Alterung und ein beschleunigtes Wachstum der Weltbevölkerung, getragen in erster Linie durch die Entwicklungs- und Schwellenländer. Zweitens eine regelrechte Überalterung bei gleichzeitiger Verringerung der einheimischen Bevölkerung in den osteuropäischen und in einem Teil der entwickelten Industriestaaten Europas und Asiens. Beide Megatrends haben vielfältige Konsequenzen für Politik und Wirtschaft. Zurzeit umfasst die Weltbevölkerung knapp 6,5 Milliarden Menschen. Wächst die Bevölkerung wie bisher um jährlich etwa 83 Millionen Menschen, könnte sie bis 2050 auf nahezu 10 Milliarden ansteigen. Deutlich überproportional wächst weltweit der Anteil älterer Menschen ab 60 Jahre von derzeit 10 Prozent auf ungefähr 22 Prozent im Jahr 2050. Selbst junge Gesellschaften aus Asien erleben mittelfristig einen deutlichen Alterungsprozess. Ganz zu schweigen von den Industrieländern, von denen die meisten nicht nur einen Bevölkerungsrückgang, sondern einen dramatischen Anstieg des Anteils der Bevölkerung im Rentenalter erleben werden.

Die demografische Entwicklung in Deutschland

Wie sieht nun die Entwicklung in Deutschland aus? Sie ordnet sich in den zweiten Trend ein und ist dementsprechend durch Bevölkerungsrückgang und Überalterung geprägt. Ein Sonderfaktor ist die unterschiedliche Entwicklung in Ost und West. Zahlenmäßige Entwicklung und Überalterungsprozesse weisen auch 17 Jahre nach Herstellung der deutschen Einheit noch immer erhebliche Unterschiede auf. Das betrifft sowohl Umfang als auch Intensität des Wandels. Doch bevor ich auf die nüchternen Fakten eingehe, sei noch ein Wort zu den Quellen erlaubt. Viele seriöse Publikationen zur demografischen Entwicklung beziehen sich auf die 2003 vorgelegte 10. und die 2006 erschienene 11. koordinierte Bevölkerungsvorausberechnung des Statistischen Bundesamtes. Dessen Zahlen verwenden Wissenschaftler ebenso wie Journalisten, wenn sie den demografischen Wandel in Deutschland charakterisieren. Die Zahlen sind also alles andere als neu und überraschend. Sie sind, wie die Autoren schreiben, auch keine Prognosen, welche die Zukunft vorhersagen; Ziel sei es vielmehr, mit Fortschreibungsverfahren aufzuzeigen, wie die Entwicklung voraussichtlich verlaufen wird.

Die Berechnungen haben also Modellcharakter und weisen Grenzen in der Aussagefähigkeit auf. Eine Grenze ergibt sich aus der Abschätzung von bestimmten Einflussgrößen, die mit zunehmendem Abstand zum Basiszeitpunkt immer schwieriger wird. Für Bevölkerungsprognosen sind das insbesondere die Geburtenhäufigkeit (pro Frau), das durchschnittliche Lebensalter und die Auswirkungen von Zu- und Abwanderung. Letztere weist beispielsweise seit Erstellung des 10. Berichts im Jahr 2003 schon erhebliche Unterschiede zu den ursprünglichen

Annahmen auf. Die Wanderungsgewinne Deutschlands sind in den letzten Jahren deutlich geringer als damals angenommen. Im Jahr 2006 lag der Wanderungsgewinn nur noch bei 20.000 bis 30.000 Menschen. 2005 waren es noch etwa 79.000. Möglicherweise steigen sie in den nächsten Jahren wieder an. Mit Sicherheit kann das aber keiner sagen.

Eine zweite Grenze ergibt sich aus der Güte der Ausgangsdaten. Diese werden mit zunehmendem Abstand zu Volkszählungen immer ungenauer. Die letzten Volkszählungen haben im früheren Bundesgebiet 1987 und in der ehemaligen DDR 1981 stattgefunden.

Die Demografen versuchen diese Unsicherheiten zu berücksichtigen, indem sie verschiedene Varianten der Bevölkerungsentwicklung durchrechnen, die zu unterschiedlichen Zahlen führen. In der 11. Vorausberechnung werden zudem für jede Variante Unter- und Obergrenzen genannt. Meist wird in Publikationen nur ein mittleres Szenario aufgegriffen, was das Verständnis erleichtert, aber eigentlich eine unzulässige Einschränkung darstellt. Wenn also nachfolgend Zahlen zu einzelnen Bevölkerungsgruppen genannt werden, dann sind das in der Mitte liegende gerundete Werte wahrscheinlicher Varianten. Die Zukunft kann aber auch um einiges anders aussehen.

Die 10. und die 11. koordinierte Bevölkerungsvorausberechnung bauen auf früheren Arbeiten auf, welche die Grundprobleme der Bevölkerungsentwicklung schon erkennen ließen. Die Berichte kann jeder im Original im Internet nachlesen. Was sind die Kernaussagen? Ende 2005 hatte Deutschland 82,4 Millionen Einwohner. Bereits seit 2003 geht die Bevölkerung zurück und wird bis 2050 auf etwa 69 bis 74 Millionen absinken.[3] Nach der 11. Vorausberechnung reduziert sich der Anteil der unter 20-Jährigen von 20 Prozent im Jahre 2005 auf etwas mehr als 15 Prozent im Jahr 2050. Im gleichen Zeitraum steigt der Anteil der über 65-Jährigen von über 19 Prozent auf 32 bis 33 Prozent. Besonders stark nimmt der Anteil derer zu, die 80 Jahre und älter sind. Ihr Anteil wird sich voraussichtlich bis zum Jahr 2050 fast verdreifachen. Sie könnten dann mehr als ein Zehntel der Bevölkerung stellen.

Die Verschiebung hin zu immer mehr Alten hat vor allem Folgen für das Verhältnis von Erwerbsfähigen zu Senioren im Pensionsalter. Dieses Verhältnis wird auch als *Altenquotient* bezeichnet. In der 11. koordinierten Bevölkerungsvorausberechnung wurde u. a. verglichen, welche Auswirkungen die realen Verrentungsgrenzen (diese liegen niedriger als die gesetzlichen) 60 und 65 Jahre gegenwärtig und in der Zukunft haben. Im ersten Fall standen im Jahr 2005 100 Erwerbspersonen etwa 45 Pensionsberechtigte gegenüber. Bliebe das reale Renteneintrittsalter bei 60 Jahren, würde im Jahr 2050 das Verhältnis je nach Berechnungsvariante etwa 100 zu 85 bis 100 zu 90 betragen.

Diese schon fast Furcht einflößende Zahl (man denke nur an die Erwirtschaftung der Renten durch die Erwerbstätigen) lässt sich langfristig durch eine Erhöhung des realen Renteneintrittsalters auf 65 Jahre deutlich absenken. Erfolgt zukünftig die reale Verrentung im Durchschnitt mit 65 Jahren, was durch die Erhöhung der gesetzlichen Altersgrenze auf 67 Jahre und verschärfte Bedingungen für den Vorruhestand durchaus möglich erscheint, entfallen im Jahr 2050 auf 100 Erwerbstätige noch 60 bis 64 Pensionäre. Der Altenquotient ist eine zentrale Größe, wenn nicht sogar der zentrale Punkt der ganzen Debatte um die zukünftigen Auswirkungen der demografischen Entwicklung. Mit ihm verbinden sich zahlreiche Ängste. Die Älteren oder diejenigen, die in zehn, zwanzig oder dreißig Jahren Rentner werden, haben Angst, dass ihre Rente nicht zum Leben reicht, weil zu wenige Junge einzahlen. Und die Jungen haben Angst, dass ihr Einkommen von ausufernden Sozialbeiträgen aufgefressen wird. Wirkt die bereits in Gesetze gegossene Anhebung des Rentenalters, so bekommt die Diskussion eine neue Ausrichtung.

Die zentrale wirtschafts- und sozialpolitische Frage ist dann nicht mehr, ob wir zu viele Alte und zu wenige Junge haben werden. Sie lautet einerseits, ob gesamtgesellschaftlich genügend Arbeit für die im Durchschnitt älteren Erwerbstätigen vorhanden ist. Andererseits muss die Frage beantwortet werden, ob die Älteren in der Lage sind, diese Arbeit auch auszuführen bzw. ob sich die Arbeitsbedingungen so ändern lassen, dass sie den Möglichkeiten der Älteren entsprechen.

Regionen als Gewinner und Verlierer

Der demografische Wandel trifft nicht alle Regionen gleich. Wie schon seit Jahrhunderten ziehen die Menschen der Arbeit und den besseren Lebensverhältnissen hinterher. Der große Verlierer dieser Wanderung ist der Osten Deutschlands. In den östlichen Bundesländern verlaufen Bevölkerungsabnahme und Alterungsprozess schon bis 2020 fast wie im Zeitraffer. Sie nehmen innerhalb von wenigen Jahren Ergebnisse vorweg, die in den alten Bundesländern erst in mehreren Jahrzehnten erreicht werden.

Nach 1990 haben Hunderttausende ihre Heimat in Richtung Westen verlassen. Naturgemäß waren es vor allem die Jungen, Aktiven, die abgewandert sind und noch abwandern. Bevorzugte Wanderungszeitpunkte sind die sogenannte erste und zweite Schwelle beim Eintritt in das Berufsleben. Die erste Schwelle ist erreicht, wenn die Suche nach einem Ausbildungsplatz beginnt. Die zweite Schwelle betrifft den Zeitpunkt des Übertritts aus der Berufsausbildung in eine erste Anstellung. Interessanterweise sind bei den abwandernden jungen Menschen leistungsbereite junge Frauen überproportional vertreten. Als Mütter von morgen fehlen sie nicht nur selbst auf dem Arbeitsmarkt, sie bringen ihre Kinder auch in der neuen Heimat zur Welt. Die Abwanderungsbewegung hat daher nicht nur das Ungleichgewicht zwischen Jungen und Alten in den neuen Bundesländern verstärkt. Auch zwischen den Geschlechtern gibt es in den betroffenen Altersgruppen gravierende Unterschiede. In manchen ländlichen Regionen der neuen Bundesländer kommen inzwischen auf sechs junge Männer nur noch vier junge Frauen. Die Auswirkungen der beiden Entwicklungen auf das Angebot an Arbeitskräften sind gravierend. Der Osten nimmt gewissermaßen die Gesamtentwicklung vorweg. Während es in der Bundesrepublik voraussichtlich bis 2050 dauert, bis die Gruppe der 20- bis 65-Jährigen um mehr als 20 Prozent zurückgeht, könnte beispielsweise Sachsen-Anhalt schon in weniger als zwei Jahrzehnten eine ähnliche Entwicklung durchlaufen.

Gewinner dieser Wanderungsbewegungen sind vor allem die prosperierenden Regionen im Süden und Westen Deutschlands. Die Räume um München, Stuttgart oder auch Freiburg wirken wie ein Magnet auf leistungswillige junge Menschen.

Je mehr die Demografie-Debatte die Lokalpolitik erreicht, desto auffälliger werden Initiativen in allen Teilen der Bundesrepublik, um junge Menschen anzulocken oder zu halten. Kommunen bieten jungen Familien billiges Bauland. Andere zahlen ein einmaliges Begrüßungsgeld oder eine Prämie bei der Geburt von Kindern. Im Osten Deutschlands laufen Projekte, mit denen abgewanderte junge Menschen zurückgeholt werden sollen. Wie erfolgreich diese Maßnahmen sind, bestimmt in letzter Konsequenz die Entwicklung des regionalen Arbeitsmarktes. Heimatverbundenheit ist schön, leben kann man leider davon nicht.

Wie wirkt sich die Bevölkerungsentwicklung auf den Arbeitsmarkt und damit auf die Arbeitslosigkeit in beiden Teilen Deutschlands aus? Das Institut für Arbeitsmarkt- und Berufsforschung kommt in einer Prognose der Arbeitsmarktentwicklung bis 2020 z. B. zu dem Ergebnis, dass in beiden Teilen Deutschlands die Unterbeschäftigung ab 2010 deutlich zurückgehen könnte. In den alten Bundesländern soll ein Zuwachs an Arbeitsplätzen bei etwa gleichbleibender Bevölkerungszahl (diese sinkt erst ab 2020 deutlich ab) die Ursache sein. Der Rückgang der Unterbeschäftigung im Osten geht nach dieser Prognose mit einer starken Abnahme des Arbeitskräfteangebotes *und* des Arbeitskräftebedarfs einher.[4] Voraussetzung für den Rückgang der Unterbeschäftigung wäre allerdings, dass der künftige Bedarf an Arbeitskräften auch in Bezug auf die Qualifikation der Erwerbspersonen gedeckt werden kann. Angesichts des Rückgangs der jüngeren Jahrgänge keine leicht zu erfüllende Voraussetzung.

Einbruch der Geburtenentwicklung

Fragt man nach den Ursachen des demografischen Wandels, so stößt man wieder auf die drei bereits erwähnten Faktoren mit Einfluss auf die Bevölkerungsentwicklung: die Geburtenentwicklung, die durchschnittliche Lebensdauer und Wanderungsgewinne oder -verluste.

Betrachten wir zunächst die *Geburtenentwicklung*. Sie steht seit einiger Zeit im Zentrum der öffentlichen Aufmerksamkeit und hat schon Anlass zu den wildesten Spekulationen und Schuldzuweisungen gegeben. Nicht selten wird der Eindruck vermittelt, in den letzten Jahren seien neue Entwicklungen aufgetreten, auf die man nun schnellstens reagieren müsse. Dabei sind die Fakten schon lange bekannt und haben sich – zumindest in Westdeutschland – auch kaum verändert.

Seit etwa 30 Jahren pendelt die Geburtenrate, die Zahl der geborenen Kinder pro Frau, in Westdeutschland um den Wert 1,4. Zur Bestandserhaltung der Elterngeneration wäre ein Wert von 2,1 notwendig. In den neuen Ländern ist die Geburtenrate heute noch geringfügig niedriger. Der weitaus deutlichste Geburtenrückgang in Deutschland fand nicht jetzt, sondern schon zu Beginn des vergangenen Jahrhunderts statt. In den Fünfzigerjahren setzte ein erneuter Babyboom ein. Beide Phänomene sind in vielen Industriestaaten zu beobachten. Der Babyboom endete im Westen wie im Osten Anfang der Siebzigerjahre. In der DDR gab es nach 1976 einen zweiten kleinen Babyboom. Ursache war unter anderem die Einführung eines voll bezahlten Babyjahrs nach dem zweiten Kind. Nach 1990 brachen dann in den neuen Ländern die Geburtenraten zunächst drastisch ein. Für die Zukunft nimmt man an, dass sich die Geburtenrate Ost an die Geburtenrate West angleicht. Ab 2011 soll sie sich für Gesamtdeutschland bei 1,4 Kindern pro Frau einpendeln.

Mit der niedrigen Geburtenrate vermindert sich permanent die Anzahl der Frauen im geburtenfähigen Alter zwischen 15 und 49 Jahren. Von etwa 19,5 Millionen im Jahr 2005 soll ihre Anzahl auf etwa 12 bis 13 Millionen im Jahr 2050 abnehmen. Ein sich selbst verstärkender Effekt, der manche Zeitschriften zu dem Kassandraruf „Die Deutschen sterben im 22. Jahrhundert aus" verführt. Seriöse Forscher sind da vorsichtiger, denn diese Zeiträume kann niemand auch nur annähernd überblicken. Ähnlich kontrovers und teilweise auch unseriös geht es zu, wenn nach den Ursachen der geringen Geburtenrate gefragt wird. Zunächst dominierten einfache Schuldzuweisungen an die jungen Frauen, die nur zu bequem wären, Kinder zu bekommen. Dann erkannte man, dass die jungen Männer an der Situation nicht ganz unbeteiligt sind. Viele junge Frauen finden entweder überhaupt keinen Partner, mit dem sie eine Familie mit Kindern gründen können. Oder die jungen Männer zögern bewusst den Zeitpunkt der Entscheidung für ein Kind immer weiter hinaus. Inzwischen haben manche Politiker insbesondere durch den Vergleich mit familienpolitisch erfolgreichen Ländern in Skandinavien gelernt, dass ein ganzes Bündel von Ursachen Einfluss auf die Entscheidung für Kinder hat. Ich werde darauf im übernächsten Abschnitt noch eingehen.

Die nicht selten polemisch geführte Debatte um die Geburtenentwicklung enthält noch andere Ungereimtheiten. Eine davon betrifft ihre statistische Basis. Wenn von der durchschnittlichen Geburtenrate die Rede ist, so meinen die Fachleute damit eigentlich die „zusammengefasste Geburtenziffer". Diese ist ein Schätzwert, der eingeführt wurde, weil sich die endgültige Geburtenrate eines Jahrganges erst nach Ende der Geburtenphase bestimmen lässt. Die Statistik setzt diese Grenze bei 49 Jahren. Verschieben die Frauen Geburten auf später, besteht die Gefahr, dass der Schätzwert „zusammengefasste Geburtenziffer" zu niedrig ausfällt. Im Osten ist eine solche schlagartige Verschiebung nach 1990 besonders augenfällig. Wurde das erste Kind bis 1991 mit 22 Jahren geboren, waren es wenige Jahre später 28 Jahre. Aber auch im Westen steigt seit 30 Jahren das Erstgebäralter. Es ist also nicht unwahrscheinlich, dass die politische Diskussion um einen Wert geführt wird, der zumindest Unschärfen aufweist. Zumal exaktere Daten weder von den Standesämtern noch im Rahmen des sogenannten Mikrozensus[5] erfasst werden.

Grobe Schätzungen bilden die Basis, wenn es um die Kinderlosigkeit bestimmter Berufsgruppen geht. Behauptungen, 40 Prozent der Akademikerinnen und gar 50 Prozent der Naturwissenschaftlerinnen blieben kinderlos, sind mit einem dicken Fragezeichen zu versehen. So ergaben, wie Björn Schwentker im Juni 2006 in der ZEIT schreibt, neue Befragungen und Berechnungen des Bundesinstitutes für Bevölkerungsforschung plötzlich nur noch 30 Prozent kinderlose Akademikerinnen anstelle der selbst in offiziellen Publikationen genannten 40 Prozent. Auch die allgemeine Kinderlosigkeit liegt möglicherweise nur zwischen 20 und 25 Prozent.

Unabhängig von den statistischen Unschärfen ist allerdings eines festzuhalten: Deutschland gehört im weltweiten Vergleich zu den Ländern mit der niedrigsten Geburtenrate, und es gibt kaum Anzeichen, dass sich das mittelfristig ändern wird. Sicher, in Westeuropa gibt es mit Italien, Spanien und Griechenland Länder, die noch niedriger liegen. Auch die noch immer mit den Auswirkungen des sozioökonomischen Wandels kämpfenden Länder in Mittel- und Osteuropa, von Tschechien über Ungarn bis Litauen liegen unter den deutschen Werten. Dass es aber auch anders geht, zeigen die Beispiele solcher entwickelter Länder wie Frankreich, Norwegen, Island, Finnland, Niederlande und USA, die teilweise deutlich über den deutschen Werten liegen. Gerade die skandinavischen Länder oder die Niederlande verfügen aufgrund der ähnlichen Ausgangsposition über interessante Erfahrungen, von denen es zu lernen gilt.

Zunahme der durchschnittlichen Lebenserwartung

Welche Fakten charakterisieren den zweiten Einflussfaktor auf die Bevölkerungsentwicklung – die *Zunahme der durchschnittlichen Lebenserwartung*? Sie ist ein Durchschnittswert zur Lebenserwartung Neugeborener unter Berücksichtigung aller Sterbezeitpunkte. In Ländern mit hoher Säuglingssterblichkeit sinkt demzufolge die durchschnittliche Lebenserwartung eines Jahrganges selbst dann, wenn viele ein hohes Alter erreichen. Im Umkehrschluss sind viele Hochaltrige innerhalb eines Jahrganges Grundvoraussetzung für ein Ansteigen der durchschnittlichen Lebenserwartung. Nochmals zu betonen ist, dass die Zunahme der durchschnittlichen Lebenserwartung ein weltweit zu beobachtendes Phänomen darstellt. Sie findet sich in allen Kultur- und Wirtschaftskreisen und gilt als Hauptursache für die weltweit alternde Gesellschaft. Für Deutschland kann man die wichtigsten relevanten Aussagen wiederum in der 11. koordinierten Bevölkerungsvorausberechnung nachlesen: Während die Lebenserwartung eines neugeborenen Jungen im Jahr 1910 noch bei 47 und die eines Mädchens bei 51 Lebensjahren lag, stieg sie nach der Jahrtausendwende auf mehr als 75 bzw. 81 Lebensjahre an. Das sind rund 30 Lebensjahre Differenz. Für das Jahr 2050 wird in einer mittleren Berechnungsvariante erwartet, dass die Lebenserwartung neugeborener Jungen im Jahr 2050 zwischen 83 und 85 Jahren liegt und die von Mädchen 88 und 89 Jahre betragen könnte. Ursachen der ansteigenden Lebenserwartung sind bessere medizinische Versorgung, Fortschritte bei der Ernährung und der Rückgang vorzeitiger Todesursachen wie Unfall oder Kriegsfolgen.

Mit der ansteigenden Lebenserwartung verbinden sich mehrere direkte Folgen. Einerseits wird die Anzahl hochbetagter Mitbürger deutlich steigen. Damit verbindet sich auch ein Ansteigen von typischen Alterskrankheiten wie Alzheimer mit allen ihren Folgen für die Pflegekassen. Andererseits erhöht sich nicht nur das durchschnittliche, sondern auch das gesunde Lebensalter. Ein 70-Jähriger von heute ist im Durchschnitt körperlich und geistig so fit wie ein 60-Jähriger im Jahr 1965. Dieses Ansteigen des gesunden Lebensalters ist von zentraler Bedeutung für die im nachfolgenden Kapitel dargestellten Wege zum Umgang mit dem demografischen Wandel, weswegen ich es dick unterstreichen möchte. So wichtig das Ansteigen der durchschnittlichen Lebenserwartung Neugeborener auch sein mag, ist sie mit Blick auf die heute 40-, 50- oder 60-jährigen doch weniger relevant. Fast noch mehr als die generelle Bevölkerungsentwicklung interessiert uns die Frage, welche Lebenserwartung wir im statistischen Mittel noch haben und wie diese sich verändert. Auch hierzu gibt die Wissenschaft Antworten. Sie bedient sich dazu der sogenannten „ferneren Lebenserwartung". Sie wird für die Gruppe derer berechnet, die das 60. Lebensjahr schon erreicht haben. Auch hier sind Zugewinne zu beobachten. Im neuen Jahrtausend kann ein 60-Jähriger Mann damit rechnen, dass er noch etwa 20 Jahre vor sich hat. Frauen kommen auf etwa 24 weitere Lebensjahre. Weitere Anstiege sind vorprogrammiert. Erwartet werden für das Jahr 2050 für Männer zwischen 25 und 27 und für Frauen 29 bis 31 weitere Lebensjahre. Immer vorausgesetzt, Einflüsse wie die mit dem Klimawandel verbundenen Hitzewellen oder zunehmendes Übergewicht schon im Kindesalter bewirken nicht das Gegenteil.

Den dritten Faktor mit Einfluss auf die Bevölkerungsentwicklung – das *Verhältnis zwischen Zu- und Abwanderungen* – will ich nur kurz erwähnen. Er ist der unsicherste Faktor in jeder Vorausberechnung, da er sich kurzfristig ändern kann. Auch hat sich seine Bewertung in den letzten Jahren grundlegend geändert. Noch vor wenigen Jahren galt Einwanderung als Königsweg zur Lösung der demografischen Probleme. Inzwischen werden die Potenziale weit zurückhaltender bewertet. Nicht nur, dass Deutschland an Attraktivität als Einwanderungsland eher verliert als gewinnt. Es ist auch fraglich, ob es überhaupt genügend gut qualifizierte junge Menschen gibt, die dauerhaft gerade nach Deutschland wollen. Denn eine Entlastung der sozialen Systeme und eine Stärkung der Wirtschaftskraft des Standortes Deutschland sind nicht allein durch ein Abbremsen der Alterungsprozesse erreichbar. Was gebraucht wird, sind vor allem Menschen mit einer Qualifikation, die am heutigen Arbeitsmarkt bestehen kann.

Wahrscheinliche Folgen des demografischen Wandels

Über kaum ein Thema lässt sich so trefflich spekulieren wie über die langfristigen Auswirkungen des demografischen Wandels. Schließlich handelt es sich ja nicht nur um Verschiebungen der Relationen zwischen verschiedenen Alterskohorten. Es geht vielmehr, so möchte man meinen, um grundlegende Veränderungen unserer Gesellschaft. Diese wird bisher durch Jugendkultur, fortwährende Beschleunigung der Lebens- und Arbeitsprozesse und das Streben nach einem Höchstmaß an Effizienz geprägt. Wird sich diese Gesellschaft durch das dramatische Ansteigen der älteren Jahrgänge tatsächlich grundlegend ändern? Möglich wäre – getragen von der Weisheit des Alters – eine Umorientierung vom Pfad der Beschleunigung auf einen Pfad der Entschleunigung, begleitet von einem grundlegenden Wertewandel. Wird Deutschland seine wirtschaftliche Stellung im weltweiten Wettbewerb gegenüber Volkswirtschaften mit einem hohen Anteil junger bildungshungriger Menschen halten können? Wenn nicht, versiegen die Quellen des Wohlstandes mit und ohne demografischen Wandel. Hat unsere Gesellschaft die Kraft, den langfristigen und schleichend verlaufenden Prozess als Chance zu begreifen? Oder wirkt der Alterungsprozess wie ein insgeheim wirkendes Gift, das nach und nach Haupt und Glieder der Gesellschaft lähmt?

Zu den meisten dieser Fragen gibt es nur Vermutungen, keine Antworten. Da es sich um zukünftige Ereignisse handelt und die Zukunft nicht wirklich vorhersehbar ist, kann man bestenfalls Szenarien der Entwicklung entwerfen. Viele Autoren haben versucht, solche Szenarien zu beschreiben. Eines der bekanntesten ist Frank Schirrmachers Bestseller „Das Methusalemkomplott."[6] Kritisch wird es immer dann, wenn solche Szenarien nicht mehr als mögliche Zukunftsbilder, sondern als unbezweifelbare Wahrheiten ausgegeben werden. Gerade wenn es um das Verhalten von Menschen geht, darf ja eines nicht unterschätzt werden: Unsere Gesellschaft und damit auch die Rolle einzelner Menschen verändern sich mit großer Geschwindigkeit. Vor diesem Hintergrund ist es beispielsweise äußerst problematisch, das Verhalten der heute 60-Jährigen einfach 40 Jahre in die Zukunft zu verschieben und so zu tun, als würden die zukünftigen Generationen sich so verhalten wie die gegenwärtigen.

Vielleicht gelten dann ganz andere Werte und Normen, und auch der Gesundheitszustand könnte sich nochmals deutlich verbessern. Sechzigjährige könnten dann ähnlich handeln wie heute Fünfzig- oder gar Vierzigjährige. Möglicherweise ändern sich auch die Arbeitsbedingungen, und die Erfahrungen der Älteren spielen eine viel größere Rolle als heute.

Kommen wir zurück zu den Schlussfolgerungen, die sich in der 11. koordinierten Bevölkerungsvorausberechnung finden. Sie sind weniger spekulativ, aber eindrucksvoll. Da ist zunächst die drastische Veränderung des Verhältnisses zwischen der Bevölkerung im Rentenalter und der im Erwerbsalter. Wie bereits oben bemerkt, würde ohne Veränderungen bei dem Zeitpunkt des Renteneintritts der Anteil der Rentner deutlich ansteigen. Ursache ist insbesondere das Ansteigen der Lebenserwartung älterer Menschen und die damit verbundene Rentenbezugsdauer, wobei neben der steigenden Lebenserwartung auch der frühere Rentenbeginn eine Rolle spielte. Die Zunahme der Bezugszeiten hat gleich zwei Folgen: Zunächst steigt die pro Erwerbstätigem aufzubringende Summe für die Rentenzahlung. Die Rentenversicherung gerät in zunehmende Schieflage, aus der sie nur durch eine Erhöhung der Beiträge oder der staatlichen Zuschüsse zu befreien wäre. Ähnliches gilt für die Kranken- und Pflegeversicherung. Hier wirkt nicht nur die reine Zunahme der zu versorgenden Personen. Es ist auch davon auszugehen, dass die steigende Anzahl hochbetagter Menschen die Kosten für Behandlung und Pflege pro Person steigen lässt. Das sind ziemlich dramatische Aussichten, über die in politischen Kreisen intensiv gestritten wird. Befürchtet werden Verteilungskämpfe zwischen den Generationen, die jede für sich einen höheren Anteil aus dem Steueraufkommen und den Sozialkassen einfordern.

Eine weitere Auswirkung des demografischen Wandels, zu der ich die Zahlen ebenfalls schon genannt habe, betrifft die Wirtschaft. Mit dem Rückgang des Angebots an jungen Menschen und den insgesamt alternden Belegschaften werden viele

Unternehmen ihre bisherige Orientierung an der Jugendkultur kaum fortsetzen können. Zukünftig verschieben sich die Relationen zwischen den Altersgruppen im Berufsleben zugunsten der Generation über 50 Jahre. Diese Altersgruppe geht in der absoluten Anzahl ihrer Mitglieder bis zum Jahr 2050 nur geringfügig zurück. Die beiden jüngeren Gruppen nehmen deutlich ab – die 30- bis unter 50-Jährigen um 33 bis 40 Prozent, die 20- bis unter 30-Jährigen um 24 bis 31 Prozent. Ältere Erwerbspersonen durch junge, gut ausgebildete zu ersetzen, wird langfristig deutlich schwieriger.

Vieles deutet auch darauf hin, dass die bisher zwischen Unternehmen, Gewerkschaften und Arbeitnehmern praktizierte Lösung, wirtschaftliche Probleme durch Entlassung Älterer in den Vorruhestand zu entschärfen, keinen dauerhaften Bestand hat. Wie Studien zeigen, wurde bislang dem Älterwerden der Belegschaft in erster Linie mit dem Angebot der Altersteilzeit oder dem vorzeitigen Ruhestand begegnet. Das Angebot, in den Vorruhestand zu gehen, wurde von den Beschäftigten auch in hohem Maße angenommen.[7] Es galt dabei folgende Faustregel: Je ein Drittel der Vorruheständler konnte, ein Drittel wollte und ein Drittel durfte von den Betrieben aus nicht länger arbeiten.[8] Die ohnehin angespannte Rentenkasse kann eine solche zusätzliche Belastung kaum noch verkraften. Allerdings sollten wir uns keinen Illusionen hingeben, die demografische Entwicklung würde kurz oder mittelfristig unsere Arbeitsmarktprobleme lösen. Der viel beschworene Fachkräftemangel ist zwar in einzelnen Berufen und Qualifikationsgruppen nicht zu leugnen. Da das Erwerbspersonenpotenzial bis 2020 aber kaum abnimmt, wird erst danach mit einem Arbeitskräftemangel auf breiter Front zu rechnen sein.[9]

Viel Raum für Spekulationen

Kommen wir zu einigen anderen Schlussfolgerungen, die nicht so eindeutig aus dem Zahlenwerk der Demografen ableitbar sind. Sie betreffen Auswirkungen des demografischen Wandels auf die Politik, die Wirtschaft und die Infrastruktur.

In der Politik wird damit gerechnet, dass die Verschiebung zu älteren Jahrgängen konservativem Denken Vorschub leistet.

Ältere, so die Annahme, setzen stärker auf Bewahrung des bestehenden Zustandes, während Jüngere Veränderungsprozesse vorantreiben. Die Spekulationen gehen sogar so weit, dass Deutschland in einigen Jahrzehnten jede Fähigkeit zu grundlegenden Reformen der Umverteilungssysteme abgesprochen wird. Die Alten würden dann angeblich allein schon durch ihre zahlenmäßige Überlegenheit als Wähler verhindern, dass Veränderungen zu ihren Ungunsten erfolgen. Den zahlenmäßig unterlegenen Jungen bliebe nach diesen Spekulationen nur, entweder aufzubegehren, zu resignieren oder auszuwandern. Überzeugend ist das nicht, denn am Ende werden sich die Generationen einigen müssen, um einen Kollaps des Gesamtsystems zu verhindern.

Für die Wirtschaft wird vor allem das Fehlen junger, kreativer Menschen befürchtet, die bisher als Treiber im Innovationsgeschehen auftreten. Damit könnten die Unternehmen im weltweiten Innovationswettbewerb, insbesondere gegenüber Ländern mit einer jungen Bevölkerung, an Boden verlieren. Unausgesprochen lautet die Botschaft auch hier: Junge sind kreativ und innovativ, Ältere wollen in erster Linie bewahren. Beeinträchtigungen der Wirtschaft ergeben sich nach dieser Denkweise auch durch die veränderten Konsumgewohnheiten. Da weniger junge Menschen als Konsumenten auftreten, sinke die Nachfrage nach innovativen Gütern, insbesondere nach Hochtechnologieprodukten. Ältere hätten daran kein ausreichendes Interesse und würden eher auf solche Faktoren wie Bedienbarkeit und Nutzenerwartung setzen. Da ausreichende Nachfrage am einheimischen Markt eine wichtige Voraussetzung für den Innovationszyklus von der Forschung über die Entwicklung bis zu Erprobung und Verkauf ist, würden neue innovative Produkte eher in Ländern mit junger und experimentierfreudiger Bevölkerung entwickelt und produziert.

Die alternde Bevölkerung könnte aber auch Chancen für die Wirtschaft bieten, denn zweifellos entstehen auch neue Nachfragefelder. Diese reichen vom Bedarf an technischen Geräten mit veränderter Funktionalität über spezifische Lebensmittel bis hin zu Angeboten im Tourismus, der Medizin und Pflege. „Silver Economy" heißt das Schlagwort, das neue Märkte auftun soll. Und da die Alten weltweit zunehmen, können Länder mit hoher Alterungsgeschwindigkeit gewissermaßen einen ganz eigenen Wettbewerbsvorsprung aufweisen.

Noch ein weiterer Faktor könnte die Rahmenbedingungen für die Wirtschaft beeinflussen: Mit zunehmendem Alter ändert sich auch das Sparverhalten. Während Jüngere stark in langfristige Anlagen (z. B. Bausparverträge, Lebensversicherungen) investieren, ergibt das für Ältere wenig Sinn. Sie – so zumindest die Vermutung – könnten ihr Geld aus Aktienfonds und Immobilien abziehen, um es für ihre Lebensführung bereitzuhalten: sonniger Süden statt sonnige Aussichten am Aktienmarkt.

Auch in den Bereichen Wohnen und Infrastruktur könnten sich gravierende Änderungen ergeben. Durch die Kombination von Geburtenrückgang und Abwanderung sind schon jetzt ganze Regionen Ostdeutschlands von schleichender Auszehrung betroffen. Großstädte verloren innerhalb von 15 Jahren ein Fünftel oder ein Viertel der Einwohner. In ländlichen Regionen wohnen in manchen Dörfern und Kleinstädten kaum noch Angehörige der jungen leistungsfähigen Bevölkerung. Zurück bleiben Ältere und sozial Schwache. Mehrfamilienhäuser stehen leer und werden durch gezielten Abriss vom Markt genommen. Rückbau oder Stadtumbau in schrumpfenden Regionen nennt man diesen Prozess beschönigend. Einfamilienhäuser in den Dörfern sind fast unverkäuflich und nur weit unter Wert loszuschlagen. Der Abriss von Quartieren in den Städten erfordert einen extrem aufwändigen Umbau der Ver- und Entsorgungssysteme. In den ländlichen Regionen fällt es immer schwerer, die wichtigsten Elemente der Daseinsvorsorge aufrechtzuerhalten. Der Weg zum nächsten Supermarkt, zur Post oder zum Frisör wird immer länger.

Die Aufzählung solcher Trends, die inzwischen auch Regionen der alten Bundesländer erreicht haben, ließe sich fortsetzen. Man kann Josef Joffe zustimmen, der in der ZEIT vom März 2006 von einer Trendwende innerhalb einer Entwicklung berichtet, die bisher die Bevölkerungsdichte in Deutschland stetig ansteigen ließ. In der Vergangenheit wirkten Geburtenzuwachs und natürliche oder durch Unterdrückung, Krieg und Vertreibung erzwungene Migration immer in eine Richtung: Zuwachs und Verdichtung. Als 1871 das Zweite Deutsche Reich gegründet wurde, lebten dort 41 Millionen Menschen auf einem viel größeren Gebiet. 1890 waren es 50 Millionen. Als das Dritte Reich 1942 fast ganz Europa besetzt hielt, waren es 70 Millionen. 12 Millionen Deutsche sind nach 1945 in das verkleinerte Deutschland geflüchtet. Weitere drei Millionen zogen bis zum Mauerfall von Ost nach West. Nach 1990 waren es weitere Hunderttausende. Berechnet für ganz Deutschland leben heute 231 Menschen pro Quadratkilometer, in Frankreich 110, in den USA 52, in Finnland nur 15. Aber nicht die absolute Bevölkerungsdichte bereitet Probleme. Es ist vielmehr die innerdeutsche Verteilung, die Landes- und Lokalpolitiker im Osten und Teilen Westdeutschlands mit Sorgen in die Zukunft blicken lässt.

Aber vielleicht sind solche Faktoren wie geringe Bevölkerungsdichte und weitgehend unberührte Natur in 30 Jahren ein Pfund, mit dem sich wuchern lässt. Vielleicht erleben wir bzw. unsere Nachkommen dann den Prozess der Integration von Wohnen und Arbeiten, den uns die Anhänger der sogenannten neuen oder digitalen Ökonomie bereits um die Jahrtausendwende prophezeit haben.

Strategien zum Umgang mit dem demografischen Wandel

Die Strategiedebatte fällt schwer

Im journalistischen Wettstreit um Quoten und Verkaufszahlen wird manches überspitzt dargestellt. Dennoch erfordert der schon voll im Gange befindliche demografische Wandel entschlossenes Handeln in Politik und Gesellschaft. Fast jedem ist klar, dass dieses Handeln mit Einschnitten in gewohnte Besitztümer verbunden ist. Geht es um konkrete Entscheidungen, tritt ein Phänomen auf, das in ähnlicher Form auch bei den Anfängen des Naturschutzes und der Nachhaltigkeitsdebatte zu beobachten war. Schon heute zu implementierende Maßnahmen und weit in die Zukunft weisende Beschlüsse werden aus der gegenwärtigen Situation heraus beurteilt. Anders ist beispielsweise die Reaktion auf die langfristig wirkende Anhebung des Rentenalters nicht zu erklären. Grundlage der Stellungnahmen ungezählter Interessenverbände und Lobbyisten ist nicht die zu erwartende Situation in 15 oder 20 Jahren, auf die wir uns langsam vorbereiten müssen. Grundlage ist die Situation des gegenwärtigen Arbeitsmarktes, der sich trotz Konjunkturaufschwung noch nach wie vor in der Krise befindet.

Deren charakteristisches Merkmal ist die chronische Unterbeschäftigung bzw. die Arbeitslosigkeit. Dabei geht es nicht um ein Prozent Zu- oder Abnahme der offiziellen Arbeitslosenzahlen, so wichtig dies für die Betroffenen auch sein mag. Arbeitslosenzahlen können durch veränderte Erfassungsgrundlagen, durch Zwischenparken in staatlich geförderten Arbeits- oder Weiterbildungsmaßnahmen manipuliert werden. Immer wieder tobt ein politischer Streit um die Frage, wer als arbeitslos von der Statistik erfasst wird. Aufschlussreicher ist da die offiziell kaum erwähnte Quote der Unterbeschäftigung.[10] Das Institut für Wirtschaftsforschung Halle hat für das Jahr 2004 ausgerechnet, dass in Gesamtdeutschland eine Unterbeschäftigungsquote von 15,4 Prozent herrschte. In Ostdeutschland waren es 24,1 und in Westdeutschland 13,6 Prozent. Insgesamt wurde für Deutschland eine Arbeitsplatzlücke von rund sieben Millionen Arbeitsplätzen errechnet.[11] Für ein Erwerbspersonenpotenzial von 45.848.000 fehlten rund sieben Millionen Arbeitsplätze. Das ist eine gewaltige Zahl. Sie hat sich in der Zwischenzeit deutlich verringert. Dennoch lässt erst diese Zahl verstehen, warum alle die Lebensarbeitszeit oder die Erschließung zusätzlicher Arbeitskräfte betreffenden Vorschläge auf so viel Ablehnung, teilweise sogar aggressive Abwehr stoßen. Die Politiker oder die Wirtschaftskapitäne mögen – so die häufig geäußerte Meinung – doch bitte erst die Arbeitslosen in Arbeit bringen, bevor sie über andere Maßnahmen nachdenken.

Weitere massive Vorbehalte ergeben sich aus der gegenwärtigen Situation der älteren Erwerbspersonen, auf die ich später noch mehrfach eingehen werde. In Deutschland ist die Beschäftigungsquote der 55- bis 64-Jährigen in den letzten Jahren angestiegen: Sie betrug im Jahr 2004 41,4 und 2006 48,4 Prozent. Die Europäische Beschäftigungsstrategie benennt bis 2010 eine Quote von 50 Prozent. Wie und vor allem warum soll ich länger (bis 67) arbeiten?, so lautet trotzdem die häufig gestellte Frage, wenn viele Ältere arbeitslos sind und das durchschnittliche Erwerbsaustrittsalter 2004 bei 61,3 Jahren lag. Schnell wird gefordert, die Politik solle doch hier ansetzen, bevor sie neue Modelle für längere Lebensarbeitszeiten auf den Weg bringt. Andere Länder, von denen wir lernen könnten, sind da weiter. In Dänemark lag die Beschäftigungsquote der Älteren schon im Jahr 2004 bei 60,3 (2006: 60,7) und in Finnland bei 50,9 (2006: 54,5) Prozent. Aber nicht nur das. Diese Länder verzeichneten schon vor einiger Zeit einen bemerkenswerten Zuwachs. Dänemark hat die Beschäftigungsquote Älterer von 1998 bis 2004 um 8,3 und Finnland um 14,7 Prozentpunkte gesteigert. In Deutschland betrug die Steigerung im gleichen Zeitraum 4,1 Prozentpunkte. Auch die Arbeitslosenquote Älterer lag in den drei genannten Ländern deutlich niedriger.[12]

Diese Fixierung auf den heutigen Status quo ist zu beachten, wenn nachfolgend ausgewählte Ansätze für den Umgang mit dem demografischen Wandel vorgestellt werden. Manche mögen aus heutiger Sicht widersinnig erscheinen. Sie bieten aber nicht mehr und nicht weniger als die Chance des Einstiegs in einen Paradigmenwechsel beim Umgang mit den Humanressourcen, der Deutschland langfristig handlungsfähig halten kann.

Dafür unterscheide ich drei Arten von Strategien, die sich gegenseitig ergänzen. Die aus demografischem Wandel resultierenden Gefahren liegen meines Erachtens nicht vordergründig in einer Alterung der Gesellschaft. Sicher, die Erfahrungen, die Eltern und Großeltern sammeln, während ihre Kinder aufwachsen, sind durch nichts zu ersetzen. In diesem Sinne ist eine kinderarme Gesellschaft auch in anderer Hinsicht arm. Arm an Emotionalität, an Überraschungen und neuen Erlebnissen. Blickt man mit rein ökonomischem Blick auf die demografische Entwicklung, entschärft sich allerdings das Bild. Kritisch wird es für Deutschland dann, wenn das Verhältnis zwischen denen, die arbeiten, und denen, die auf Transferzahlungen angewiesen sind, aus dem Ruder läuft. Ein Erwerbstätiger kann schlecht im Jahr 2050 die Kosten für 0,8 oder 0,9 Rentner aufbringen, seine Kinder aufziehen und gleichzeitig für das eigene Alter vorsorgen. Die drei Strategien zielen daher in der Summe darauf ab, das Verhältnis zwischen den Arbeitenden und den Rentenbeziehern trotz des weiteren Anstiegs der Lebenserwartung wieder günstiger zu gestalten. Es geht also um die Senkung des bereits oben erläuterten Altenquotienten. Er kann auf verschiedenen Wegen gesenkt werden, die gleichzeitig auch als Strategien zum Umgang mit dem demografischen Wandel interpretiert werden können.

Die erste Strategie dürfte mit ihren Zielstellungen kaum Widerspruch ernten. Es geht darum, die Geburtenrate langfristig wieder etwas anzuheben. Möglichst auf ein Niveau, wie es einige Länder in Europa bereits erreicht haben. Interessanter als die Frage „Ob?" ist die Frage „Wie?". Die zweite Strategie zielt darauf ab, den Anteil der erwerbsfähigen Personen, die tatsächlich arbeiten, deutlich anzuheben. Und zwar der erwerbsfähigen Personen, die sich unterhalb der bisherigen Altersgrenze bewegen. Bei dieser Strategie kommen schon leichte Zweifel auf. Ist es bei einer Arbeitsplatzlücke von mehreren Millionen fehlender Arbeitsplätze überhaupt möglich, das gesellschaftliche Arbeitsangebot zu steigern?

Das Feuer der Emotionen dürfte vollends bei der dritten Strategie hochschlagen. Es geht um die viel beschworene, beschimpfte und inzwischen sogar in einen Gesetzestext gegossene Anhebung der Lebensarbeitszeit. Sie weckt nicht nur Zweifel hinsichtlich ihrer Machbarkeit, da Ältere ja jetzt schon kaum eine Chance auf dem Arbeitsmarkt haben und der Abbau der Arbeitslosigkeit trotz anspringender Konjunktur nur langsam vorankommt. Sie stellt auch das Lebenskonzept vieler Menschen infrage. Sie warten während der harten Mühsal des Erwerbslebens sehnsüchtig auf die goldene Zeit der Pensionierung. Bewundert werden heute schließlich nicht die oder der 65-Jährige, die oder der als Ausnahme von der Regel noch im Berufsleben stehen. Für manche sind das unverbesserliche Workaholics, die einfach nicht loslassen können und sich für unersetzbar halten. Als nachahmenswert gilt vielmehr der smarte 58-Jährige, der bei guter Gesundheit und ausgestattet mit einer ordentlichen Pension sein Leben genießt und alles das nachholt, was er während des Berufslebens (angeblich) versäumt hat.

Warum fehlen die Kinder?

Angesichts der drohenden Verwerfungen im Altersaufbau der Bevölkerung und der damit verbundenen Folgen für die Sozialsysteme hat kaum jemand etwas gegen eine nachhaltige Erhöhung der Geburtenraten einzuwenden. Zumindest nicht, solange ihm selbst nichts abverlangt wird. Denn Deutschland ist kein übermäßig kinderfreundliches Land. Zu spüren bekommen das alle, die sich dennoch für Kinder entscheiden. Sie stoßen in der Arbeitswelt, bei der Wohnungssuche oder auch im Urlaub nicht selten auf unausgesprochene Ablehnung. Spielende Kinder sind laut und daher ein Ärgernis in vielen Wohnanlagen. Kinder stören viele nicht nur in ihrer liebgewonnenen Ruhe. Sie beanspruchen auch gesellschaftliche Ressourcen, die man selbst gern hätte. Eine berufstätige Frau mit kleinen Kindern fehlt eventuell bei Krankheit der Kinder und muss oft zu Hause bleiben, bis sie aus dem Gröbsten raus sind. Diese Liste ließe sich fortsetzen. Besonders betroffen sind Alleinerziehende und Familien, die sich über die unausgesprochene gesellschaftliche Konvention hinwegsetzen und mehr als zwei Kinder haben. Wie kann man nur, denkt mancher Beobachter im Stillen.

Angesichts einer schon fast kinderfeindlichen Atmosphäre kann es nicht verwundern, wenn viele junge Frauen (und junge Männer) ihren Kinderwunsch immer wieder verschieben und erst nach Sicherheiten im Beruf oder bei der Erwirtschaftung finanzieller Ressourcen streben. Sicher spielt es auch eine Rolle, dass manche erst ihr Leben genießen wollen, bevor sie Kinder in die Welt setzen. Oder dass sie gänzlich andere Prioritäten haben und sich bewusst gegen Kinder entscheiden. Auf jeden Fall ist es ziemlich unsinnig, den moralischen Zeigefinger auf die junge Generation zu richten und sie aufzufordern, sich für mehr Kinder zu entscheiden. Es nützt auch nichts, auf frühere Zeiten zu verweisen, als trotz Krieg und Not Kinder geboren wurden. Einerseits hatten diese Zeiten ihre eigene Gesetzmäßigkeiten, die sich mit den heutigen kaum vergleichen lassen. Andererseits erfolgte der Rückgang der Geburtenrate auf etwa 1,4 Kinder pro Frau schon vor 30 Jahren. Die Generation der heute 50- oder 60-Jährigen war also schon davon betroffen.

Die Entscheidung für Kinder erleichtern

Was bleibt, ist der Versuch, gesellschaftliche Bedingungen zu schaffen, die die Entscheidung für Kinder erleichtern. Dabei geht es nicht nur, aber auch um Geld. Geld, das für Familien und Kinder zur Verfügung gestellt wird und dadurch nicht an anderer Stelle ausgegeben werden kann. Zum Beispiel bei den Zuschüssen für die Rentenkasse, die den Bundeshaushalt zunehmend in die Knie zwingen. Dass Geld allein nicht ausreicht, zeigt Josef Joffe in seinem ZEIT-Beitrag: Die Familienzuschüsse wären, schreibt er, laut Finanzministerium allein seit 1992 um 40 auf 100 Milliarden Euro gestiegen. Das sind rund 4,5 Prozent der Wirtschaftsleistung. Das Kieler Weltwirtschaftsinstitut spricht gar von 170 Milliarden, was 7,6 Prozent wären. Für das Militär gibt Deutschland 1,5 Prozent aus. Allerdings ist das Geld allein nur ein erster Schritt in die richtige Richtung.

Gleiches gilt für das beschlossene und schon wieder aus verschiedenen Richtungen kritisierte Elterngeld. Auch der Ausbau von Kindertagesstätten und Ganztagsschulen reicht für sich nicht aus. Um die Geburtenraten zu ändern, muss man mehr als einen Parameter in der Politik ändern. Vor allem kommt es darauf an, die tatsächliche Gleichberechtigung der Frauen voranzutreiben und unterschiedliche Optionen für das beste Modell des Lebens mit Kindern zuzulassen. Das Bild vom Heimchen am Herd, welches seine besten Talente für die Familie und die Kinder aufopfert, muss ebenso aus den Köpfen verschwinden wie das von der Rabenmutter, die ihre Kinder in fremde Hände gibt, um sich im Beruf zu verwirklichen. Der Barrikadenkampf zwischen den Vertreterinnen und Vertretern zweier unversöhnlich gegenüberstehender Lager führt nicht weiter. Es reicht auch nicht, den Frauen einfach die Entscheidung zu überlassen, welchem Modell sie zuneigen. Beide Modelle schieben die ganze Last einseitig den Frauen zu.

Iris Radisch ist zuzustimmen, wenn sie im Februar 2007 in der ZEIT ein Umdenken bei den Männern und der ganzen Gesellschaft fordert. Beide Modelle geraten nur zu schnell in Konflikt mit den Vorstellungen vieler junger Frauen von einem glücklichen Leben mit Kindern. Noch immer wird die falsche Frage diskutiert: Ist es jungen Frauen neben ihren Pflichten auch erlaubt, arbeiten zu gehen? Die Bundesrepublik ist – so sagen Sozialwissenschaftler der sogenannten vergleichenden Wohlfahrtsforschung – noch immer ein konservativer Wohlfahrtsstaat mit starkem Ernährermodell. Diese Vorstellung begrenzt von vornherein die Verantwortung der Männer für die Kinder. Das ändert sich auch nicht, wenn die Frau voll berufstätig ist. Sie hat dann doppelte Verantwortung. Insbesondere die berufstätige Mutter kleiner Kinder hat es da schwer, nicht nur bei der Suche nach einem Kita-Platz. Auch Arbeitgeber müssen umdenken und erkennen, dass die Beschäftigung von Eltern ein Gewinn und kein Verlust für das Unternehmen ist. Familienfreundliche Arbeitszeiten und Arbeitsbedingungen für Mütter und Väter helfen, wertvolle Mitarbeiter im Unternehmen zu halten und in ihrer Entwicklung zu fördern.

Der Arbeitsmarkt hält für die jungen Leute von heute aber noch ganz andere Probleme bereit, die die Lust auf Kinder nicht gerade steigern. Es sind vor allem die unsicheren Arbeitsverhältnisse – verbunden mit dem ständigen Zwang zu Flexibilität –, die als Bremse bei der Entscheidung für Kinder wirken. In einer Studie des Bundesinstitutes für Bevölkerungsforschung und der Robert Bosch Stiftung wurden in Partnerschaften lebende 20- bis 49-Jährige befragt, welche Gründe gegen Kinder sprechen. Auf den ersten beiden Plätzen der Nennungen fanden sich „Habe keinen sicheren Arbeitsplatz" (57 Prozent) und „Partner hat keinen sicheren Arbeitsplatz" (53 Prozent). Erst danach folgten Sorgen um die Zukunft der Kinder, der Wunsch, den Lebensstandard beizubehalten, oder die hohen Kosten von Kindern.[13]

Vor diesem Hintergrund sollten sich auch die lieben Freunde und Verwandten zu der Erkenntnis durchringen, dass die Familienmodelle früherer Tage unwiderruflich der Vergangenheit angehören. Umdenken müssen auch die jungen Männer, wenn sie ihren Ruf als Zauderer bei der Entscheidung für Kinder ablegen wollen. Sie können sich nicht mehr damit begnügen, als starker Ernährer die Familie zu versorgen. Abgesehen davon, dass die jungen Frauen im Durchschnitt besser qualifiziert sind, enthält die moderne Arbeitswelt zu viele Unsicherheiten, um eine dauerhafte Stellung als alleiniger Ernährer aufbauen zu können. Zwei gleichberechtigte Partner helfen enorm, die Balance in einer im stetigen Umbruch befindlichen Welt zu wahren. Wenn junge Männer ihre neue Rolle als gleichberechtigte Partner wirklich annehmen, steigen auch die Chancen, dass mehr als ein Kind pro Familie geboren wird. In der ZEIT vom Juni 2006 bezieht sich Schwentker auf die Aussage der amerikanischen Soziologin Berna Miller Torr, dass amerikanische Frauen häufiger ein zweites Kind bekommen, wenn der Mann im Haushalt hilft. Erledigt die Frau die Hausarbeit überwiegend allein, liegt die Wahrscheinlichkeit für das zweite Kind bei 51 Prozent. Wenn der Mann kocht, putzt und sonstige Hausarbeiten übernimmt, steigt sie auf 81 Prozent.

Ausschöpfung der Potenziale an gesellschaftlichem Arbeitsvermögen

Eng mit der Erhöhung des Anteils erwerbstätiger Frauen verbunden, aber nicht darauf zu beschränken, ist die zweite Strategie: die Erhöhung des Anteils der tatsächlich Erwerbstätigen aus der großen Gruppe der Erwerbspersonen. Neben den im Haushalt verbleibenden Frauen – die oftmals eine hohe Qualifikation haben – betrifft das vor allem die Arbeitslosen. Die Erwerbstätigenquote – das ist der Anteil der Arbeitenden an der Gesamtbevölkerung[14] – liegt in Deutschland mit 72 Prozent knapp über dem EU-Durchschnitt. In Dänemark beträgt sie 80, in Schweden 79, in der Schweiz 81, in den USA und England 76 und in Island 85 Prozent. Es gibt also noch Reserven in Deutschland. Voraussetzung ist natürlich, dass der Arbeitsmarkt brummt und die zusätzlichen Personen auch wirklich aufnehmen kann. Um das zu erreichen, gibt es viele Vorschläge. Ihre Grundrichtung hängt nicht zuletzt von den wirtschaftspolitischen Grundüberzeugungen der Vortragenden ab. Unternehmensvertreter plädieren für eine Deregulierung des Arbeitsmarktes, die Gewerkschaften für staatliche Fördermaßnahmen.

Ich will diese Argumentationen nicht weiter verfolgen, sondern die Aufmerksamkeit auf die Frage lenken, wer am Arbeitsmarkt die besten Chancen hat. Auf diese Frage gibt es in Ost und West eine klare Antwort. Es existiert ein eindeutiger Zusammenhang zwischen Qualifikation und Arbeitslosigkeit: Je höher die Qualifikation, desto geringer die Arbeitslosigkeit. Im Jahr 2004 waren in den alten Bundesländern 21,7 Prozent der Menschen ohne Berufsabschluss arbeitslos. In den neuen Ländern waren es sogar über 50 Prozent. Im gleichen Zeitraum betrug die Arbeitslosigkeit für Menschen mit Lehr- oder Fachschulabschluss im Westen 7,3 und im Osten 19,4 Prozent. Absolventen von Hoch- und Fachhochschulen hatten mit 3,5 Prozent im Westen und 6,0 Prozent im Osten die geringste Arbeitslosigkeit.[15]

Bildung als Königsweg

Es liegt also nahe, alle Anstrengungen auf die Qualifizierung der Personen zu richten, denen der Eintritt in den ersten Arbeitsmarkt verwehrt ist. Wie das für die Gruppe der Älteren aussehen kann und welche Rolle die Weiterbildung spielt, werde ich später noch ausführlich erläutern. Ich beschränke mich daher an dieser Stelle auf die jungen Menschen, denen der Eintritt in das Berufsleben ermöglicht werden muss. Denn eines lässt sich mit Sicherheit sagen: Junge Menschen ohne arbeitsmarktgängige Ausbildung sind die Arbeitslosen von morgen. Da kann es einen nur mit tiefer Sorge erfüllen, wenn immer mehr Schulabgänger keinen betrieblichen Ausbildungs- oder Studienplatz finden und im sogenannten „Übergangssystem" der Berufsausbildung geparkt werden. Da in Deutschland ein anerkanntes Ausbildungszertifikat extrem wichtig ist, verbleibt den „Zwischengeparkten" nur die Hoffnung, doch noch einen vernünftigen Ausbildungsplatz zu bekommen. Erfüllt sich diese Hoffnung nicht, werden sie die Sozialsysteme nicht ent-, sondern belasten. Sie sind zwar jung, gebraucht werden sie ohne Ausbildung dennoch nicht.

Über die Schuldigen an dieser Situation lässt sich wieder trefflich streiten. Die einen sagen, die Unternehmen würden sich aus ihrer Pflicht zur Ausbildung zurückziehen. Dem steht die Erklärung der Unternehmen gegenüber, dass sie immer mehr Probleme haben, Schulabgänger zu finden, die die notwendige Ausbildungsreife mitbringen. Kritisiert werden unzureichende Grundfertigkeiten in elementaren Kulturtechniken ebenso wie mangelnde Motivation und Sozialkompetenz. Das deutsche Schulwesen bekommt von den Unternehmen ein zunehmend schlechtes Urteil ausgestellt. Und das, obwohl zwischen der ersten und der zweiten PISA-Studie eine deutliche Verbesserung konstatiert wurde. Wissenschaftlich bewiesen ist die abnehmende Ausbildungsreife bisher nicht, obwohl manche Betriebe auf langjährige Vergleichsmöglichkeiten durch gleichartige Auswahltests verweisen. Man wird aber auch nicht umhin kommen, sie einer eingehenden Analyse zu unterziehen und bei Bestätigung möglichst bald Gegenmaßnahmen einzuleiten.

Die relativ guten Chancen von Hochschulabsolventen wurden bereits bei der vergleichenden Betrachtung der Arbeitslosenzahlen deutlich. Sie gelten auch für Hochschulabsolventen der aktuellen Jahrgänge, obwohl sich Berichte mehren, dass auch für sie der Berufseintritt nicht immer leicht ist. Es gibt sogar einen neuen Begriff für die Gruppe derer, die sich von Praktikum zu Praktikum hangeln oder in prekären Arbeitsverhältnissen mit geringer Entlohnung, mangelnder sozialer Absicherung und niedrigem sozialen Status landen. Man nennt sie das Prekariat, und mancher Student unserer Tage zweifelt bereits, ob seine Entscheidung für ein Studium richtig war. Möglicherweise erfährt die Generation der Hochschulabsolventen Anfang des 21. Jahrhunderts mit ihren Erfahrungen unsicherer und schlecht bezahlter Arbeitsverhältnisse im Vergleich zu ihren Eltern einen richtigen Generationsbruch. Während die Eltern eine relativ kurze Spanne Unsicherheit am Anfang ihres Berufslebens erlebten, müssen sich viele der heutigen Hochschulabsolventen zumindest eine Zeit lang damit abfinden, dass sie keinen festen Arbeitsvertrag mehr bekommen. Sie hangeln sich von Praktikum zu befristetem Arbeitsvertrag und wieder zu Praktikum. Und das Ganze zu Konditionen, die kaum den täglichen Lebensunterhalt ermöglichen.

Dabei zeichnet die nüchterne Statistik auch heute ein weit optimistischeres Bild und stimmt nur teilweise mit den Beobachtungen und Erlebnissen vieler junger Leute überein. Zwar vermeldet die Bundesagentur für Arbeit einen deutlichen Anstieg der Teilzeitbeschäftigten, der befristet Beschäftigten, der Leiharbeiter und der Praktikantenverträge, soweit diese als geringfügige Beschäftigung überhaupt gemeldet werden. Akademiker stehen aber dennoch weiter auf der Sonnenseite des Arbeitslebens. Im Jahr 2005 hat die Anzahl der arbeitslos gemeldeten Bundesbürger mit Universitäts- und Fachhochschulabschluss um fast 13 Prozent abgenommen. Davon profitieren auch die frischgebackenen Hochschulabsolventen. Ihre Arbeitslosigkeit beschränkte sich, so sagen Experten des Instituts für Arbeitsmarkt- und Berufsforschung, meist auf die Zeit nach dem Examen, wenn sie eine erste Anstellung suchen. In Ostdeutschland stellten sie 2005 gerade 5,1 und im Westen 6,9 Prozent der arbeitslosen Akademiker. Mit der gegenwärtig trotz aller Widerstände erfolgenden Umstellung der deutschen Studienabschlüsse auf die Abschlüsse Bachelor und Master ergibt sich noch eine weitere Chance: Das deutsche Hochschulsystem steht zu Recht in der Kritik, dass die Zeitdauer bis zum Abschluss in vielen Fächern einfach zu lang ist. 30-Jährige Absolventen mit sechs bis acht Jahren Studienzeit sind keine Seltenheit. Natürlich war und ist auch das Abitur mit 13 Jahren eine Zeitfalle. Da sich auch hier Bewegung in Richtung zwölf Jahre abzeichnet, könnte die Kombination Abitur nach zwölf Jahren und drei Jahre Studium bis zum Abschluss als Bachelor Absolventen auf den Arbeitsmarkt bringen, die jünger als 25 Jahre sind. Voraussetzung ist natürlich, dass nach dem Bachelor nicht automatisch die Fortsetzung des Studiums bis zum Master folgt.

Vor diesem Hintergrund müssten eigentlich die Bemühungen verstärkt werden, den Anteil der Studierenden aus allen sozialen Schichten deutlich zu erhöhen. Sicher gibt es in Deutschland mit dem dualen System auch andere Erfolg versprechende berufliche Entwicklungswege. Dennoch ist eine soziale Schichtung bei dem Zugang zu höherer Bildung und Studium mit Sicherheit ein Hindernis bei der Erschließung der verfügbaren Potenziale junger Menschen. Und genau das ist in Deutschland der Fall. Eines der wichtigsten Ergebnisse der ersten PISA-Studie war[16], dass in Deutschland eine ungewöhnlich straffe Kopplung zwischen sozialer Lage und Kompetenzerwerb der nachwachsenden Generation herrscht. Anderen Ländern gelingt es bei ähnlichen sozioökonomischen Bedingungen besser, die Auswirkungen der sozialen Herkunft zu begrenzen. PISA II zeigt, dass es Kindern aus sozial schwachen Familien viel schwerer fällt, bei gleichen Leistungen einen Platz im Gymnasium zu erlangen. Im deutschen Durchschnitt ist die Wahrscheinlichkeit fast viermal so groß, wobei die Werte zwischen den Ländern stark schwanken.[17] Auch bei den Studenten sind sie deutlich unterrepräsentiert, und ihr Anteil sinkt kontinuierlich, während der von jungen Menschen aus der höchsten sozialen Schicht weiter ansteigt. Das alles weist darauf hin, dass wir noch weit davon entfernt sind, die Potenziale der Gesellschaft wirklich auszureizen.

Insgesamt ist angesagt, die Ausgaben für Bildung und Forschung stetig zu steigern. Es sind die Ausgaben mit der größten Zukunftsrendite, wenn sie wirklich zielbewusst eingesetzt werden. Das gilt gleichermaßen für staatliche wie für private Bildungsausgaben. Auf Dauer kann es nicht befriedigen, dass Länder wie die USA oder Südkorea bei den Pro-Kopf-Ausgaben für Bildung (staatliche und private) deutlich vor Europa stehen und auch China zunehmend aufholt. Solange Europa dem Ausgleich von Verlusten für von der Vogelgrippe betroffene Hühnerzüchter Vorrang vor einer Erhöhung der Bildungsausgaben gibt, stehen Strategien zur Bewältigung des demografischen Wandels auf schwachen Füßen.

Verlängerung der Lebensarbeitszeit durch Erhöhung des Renteneintrittsalters

Von allen Strategien zum Umgang mit dem demografischen Wandel stößt der Vorschlag, die Lebensarbeitszeit zu verlängern, auf die geringste Zustimmung. Länger zu arbeiten, widerspricht so stark der Mehrzahl unserer Erfahrungen, dass ein solcher Vorschlag schon rein intuitiv abgelehnt wird, ohne überhaupt über irgendwelche Begründungen nachzudenken. Ich will an dieser Stelle nochmals die wichtigsten Ablehnungsgründe zusammenfassen, auch wenn ich die meisten schon erwähnt habe.

Massive Ablehnungsgründe ergeben sich aus der gegenwärtigen Situation des Arbeitsmarktes. Bei mehreren Millionen fehlender Stellen würde die Aufnahmefähigkeit des Arbeitsmarktes für länger arbeitende Menschen und damit die Chance, das höhere Rentenalter auch tatsächlich im Job zu erreichen, nicht ausreichen. Die Erhöhung des Rentenalters gilt bei dieser Betrachtungsweise als Versuch, die Renten zu kürzen, weil bei vorzeitigem Rentenbeginn Anrechnungsjahre bis zum gesetzlichen Rentenalter fehlen. Eng mit diesem Argument verbunden ist die Auffassung, dass Ältere am Arbeitsmarkt ohnehin benachteiligt werden, was sich in ihrem überproportionalen Anteil an den Erwerbslosen widerspiegelt. Tatsächlich werden Ältere insbesondere bei Entlassungen in Konzernen als Verschiebemasse benutzt, solange die Möglichkeit besteht, sie auf Kosten der Sozialsysteme in den Vorruhestand abzuschieben.

Noch viel gravierender sind aber die Probleme derer, die mit 50 Jahren oder mehr ihren Job verlieren. Jeder weiß, wie gering ihre Chancen sind, wieder einen adäquaten Beruf auszuüben. Bei Bewerbungen sind sie fast chancenlos. Eine der Ursachen dafür ist neben dem Fehlen von Arbeitsplätzen der Volksglauben, dass Ältere prinzipiell weniger leistungsfähig sind als Junge. Ich werde später im Kapitel 4 noch zeigen, dass diese generelle Leistungseinschränkung wissenschaftlich nicht haltbar ist. Sie beschränkt sich auf wenige Bereiche der körperlichen Leistungsfähigkeit. Doch diese wissenschaftlichen Beweise helfen wenig, wenn diejenigen, die über Neueinstellungen entscheiden, sie nicht kennen, sie ablehnen oder schlichtweg genügend jüngere Bewerber haben, um ihren alten Paradigmen der Jugendkultur verhaftet zu bleiben.

Nicht gerade entkräftet wird die Vorstellung von der nachlassenden Leistungsfähigkeit Älterer von der Alltagsbeobachtung, dass die Anforderungen im Berufsleben ständig steigen. Zunehmender Wettbewerbsdruck, wechselnde Anforderungen im Rahmen von Projektarbeit und steigende Notwendigkeit der Selbstorganisation bringen in der Effizienzgesellschaft Junge wie Alte immer öfter an den Rand ihrer physischen und psychischen Leistungsfähigkeit. Was liegt näher als die Grenzen der Älteren auf ihr Lebensalter zu schieben. Die Jungen – so glaubt man – können sich noch entwickeln, die Alten nicht. Dieser unbarmherzige Druck im Arbeitsleben der Effizienzgesellschaft verstärkt die von den meisten geteilte Hoffnung, mit der Pensionierung würde alles besser.

Aus der Psychologie ist bekannt, dass die Fähigkeit, Gratifikationen zu verschieben, ein Grundbestandteil der emotionalen Intelligenz ist.[18] Emotionale Beziehungen zu anderen Menschen lassen sich z. B. nur aufbauen, wenn man nicht erwartet, dass diese Beziehung sofort eine Art von „Dividende" einfährt. Die Verschiebung von Gratifikationen hat in unserem abendländischen Kulturkreis aber noch eine andere Dimension. Die Erfüllung von Lebensträumen wird ständig in die Zukunft verschoben. Wir wachsen mit der Überzeugung auf, dass zukünftige Ereignisse im Leben am wichtigsten sind. Das gilt für die Schulzeit ebenso wie für das Berufsleben und die Zeit danach. Eltern und Lehrer motivieren ihre Kinder mit der Aussicht, durch fleißiges Lernen eine gesicherte Zukunft vorzubereiten. Im Unternehmen werden die Mitarbeiterinnen und Mitarbeiter angehalten, geduldig und fleißig zu arbeiten, damit sie später beruflich aufsteigen können. Am Ende des langen Aufstiegs winken dann die goldenen Jahre der Pensionierung. Rücken diese plötzlich mental in weite Ferne, droht ein Lebenstraum zu platzen. Wir fühlen uns heute um die zukünftigen Früchte der entbehrungsreichen Jahre betrogen. Es geht also nicht nur darum, zwei Jahre mehr oder weniger zu arbeiten (woran wir wegen der Probleme des Arbeitsmarktes sowieso nicht glauben). Es geht um unsere Lebensträume und die Angst, entweder in den letzten Jahren der verlängerten Arbeitszeit dem brutalen Druck des Arbeitslebens nicht standhalten zu können oder in der grauen Masse der Arbeitslosen zum Sozialfall abzusinken.

Was heute beschlossen wird, wirkt erst in Jahrzehnten

Alle diese Argumente sind wohlbegründet und lassen sich nicht einfach mit dem Hinweis auf die demografische Situation wegwischen. Es ist ein weiter Weg von dem Wissen, dass zukünftige Generationen die Last der Pensionäre nicht auf die gleiche Weise schultern können, wie wir das heute tun, zu der Erkenntnis, dass wir selbst davon betroffen sind. Und dennoch dürften wir um diese Erkenntnis nicht herumkommen. Denn alle ablehnenden Argumente haben einen Fixpunkt: Sie vernachlässigen, dass die Auswirkung der verlängerten Lebensarbeitszeit erst in zehn, zwanzig Jahren voll zur Geltung kommt. Bis dahin wird sich aber der Arbeitsmarkt wesentlich verändern. Der Anteil Älterer nimmt zu, und vieles, was heute normal ist, wird dann nicht mehr gelten. Möglicherweise haben wir bis dahin auch den exzessiven Jugendkult überwunden, und bei den Ansichten zur Leistungsfähigkeit Älterer stimmen wissenschaftliche Erkenntnis und öffentliche Meinung überein. Auch in den Lebensgewohnheiten könnte sich manches ändern. Wenn die Ausbildung oft erst mit Ende Zwanzig endet und die Kinder mit Mitte oder Ende Dreißig geboren werden, ist es möglicherweise irgendwann selbstverständlich, nochmals 25 oder 30 Jahre zu arbeiten. Vieles ist in dieser Hinsicht ungewiss, außer einem: Die dynamische Entwicklung von Wirtschaft und Gesellschaft wird anhalten. Möglicherweise wird sogar eine Projektion des Instituts für Arbeitsmarkt und Berufsforschung wahr, nach der die Anzahl der Beschäftigten in Deutschland zwischen 2005 und 2019 um etwa eine Million zunimmt und qualifizierte Arbeitskräfte weitaus mehr gesucht werden als heute.[19]

Das alles sagt noch nichts darüber, ob die Anhebung des Pensionsalters wirklich so wichtig und unaufschiebbar ist. Einen Teil der Antwort auf diese zentrale Frage habe ich schon gegeben. Die Erhöhung der Lebensarbeit durch Anhebung des Pensionsalters ist das wirksamste, möglicherweise sogar das einzig wirklich wirksame Mittel, um den Altenquotient zu verringern. Erinnern wir uns: Der Altenquotient misst die Relation der Bevölkerung im Rentenalter zur Bevölkerung im Erwerbsalter. Da die Bevölkerung im Rentenalter durch die in Rente gehenden starken Jahrgänge der Baby-Boomer und die ansteigende Lebenserwartung deutlich größer wird, ist jede Hoffnung, durch

Geburtenzuwachs einen Ausgleich zu schaffen, auf Sand gebaut. Der ZEIT-Autor Björn Schwentker kommt im Juni 2006 in einem Artikel zu dem Schluss, dass jährlich 3,6 Millionen junger Mitbürger gebraucht würden, um allein den prozentualen Anteil der 64-Jährigen in der Bundesrepublik bis 2050 konstant zu halten. Die Bevölkerung müsste dann auf unglaubliche 180 Millionen anschwellen. Eine völlig illusorische Zahl. Genauso wie die von 3,6 Millionen Geburten pro Jahr. Demgegenüber hat die Erhöhung des realen Renteneintrittsalters von 60 auf 65 Jahre für den Altenquotienten eine durchgreifende Wirkung, da gleichzeitig die Zahl der Rentenempfänger sinkt und die Zahl der Erwerbstätigen ansteigt.

Da nicht einmal 27 Prozent der deutschen Erwerbstätigen heute noch in der Produktion (plus zwei Prozent auf dem Land) arbeiten und der Rest sich an Schreibtischen oder Ladentheken betätigt, bestehen dafür gar keine so schlechten Voraussetzungen. Geht man von einem gesetzlichen Renteneintrittsalter von 67 Jahren aus – so schreiben die Autorinnen der 10. koordinierten Bevölkerungsvorausberechnung –, so könnte das tatsächliche Rentenzugangsalter 65 Jahre erreichen. Es ist also keiner so naiv, zu glauben, dass alle Erwerbstätigen tatsächlich bis 67 arbeiten.

In diesem Fall würde sich nicht nur der Altenquotient günstiger gestalten. Da ab 2020 die Anzahl der für den Arbeitsmarkt verfügbaren Personen stetig absinkt, würde auch dieser Rückgang etwas aufgehalten werden. Die Wirtschaft erhielte dringend benötigte Arbeitskräfte – vorausgesetzt, sie stellt sich auf deren Lebensalter ein. Und vorausgesetzt, die Älteren von morgen und übermorgen verfügen über die fachlichen und sozialen Qualifikationen, die morgen und übermorgen gebraucht werden. Diese bereitzustellen, ist ein Prozess, der heute schon begonnen werden muss. Er betrifft die Vermittlung ausreichender Qualifikationen durch lebenslanges Lernen ebenso wie die Verhinderung von unnötigen Verschleißerscheinungen durch einseitige Be- und Überlastung im Arbeitsprozess.

Sowohl die Wirtschaft als auch jeder von uns muss lernen, dass die Erhaltung der Arbeitsfähigkeit bis über sechzig Jahre hinaus keine Einzelentscheidung, sondern eine absolute Notwendigkeit ist. Die Verantwortung dafür kann keiner delegieren. So wie wir in den Sechziger- und Siebzigerjahren gegen harte

Widerstände begriffen haben, dass die Natur nicht einfach ausgebeutet und entsorgt werden kann, müssen wir heute lernen, das menschliche Arbeitsvermögen jedes Einzelnen nachhaltig zu nutzen und zu entwickeln.

Der Mensch im Mittelpunkt der Arbeitswelt

Ein Plädoyer für einen nachhaltigen Umgang mit der Ressource Arbeitskraft

Die neue Nachhaltigkeit: Entwicklung der Humanressourcen

Natürliche Ressourcen und Humanressourcen

Es mag verwundern, wenn in einem Buch über die Probleme des demografischen Wandels und die Gestaltung von Lernprozessen ein Kapitel zum Thema Nachhaltigkeit auftaucht. Noch dazu, wenn darin auf die Nachhaltigkeitsdebatte bei der Erhaltung der natürlichen Ressourcen eingegangen wird. Eigentlich geht es doch – wie am Ende des letzten Kapitels dargestellt – um die Erhaltung des Arbeitsvermögens jedes Einzelnen während der gesamten Lebensarbeitszeit. Diese wird oder soll zukünftig länger dauern; nominell bis zum siebenundsechzigsten Lebensjahr.

Das individuelle Arbeitsvermögen ist ohne Zweifel nicht nur eine private Angelegenheit, sondern eine gesellschaftliche Ressource. In der Sprache der Volkswirte zählt das menschliche Arbeitsvermögen zu den gesellschaftlichen Produktionsfaktoren. Die Ökonomen unterscheiden die Produktionsfaktoren Boden (Produktionsstandort für Landwirtschaft und Industrie, Bodenschätze), Kapital (in Gebäude, Maschinen und Anlagen investiertes und damit vergegenständlichtes Geldvermögen) und eben (menschliche) Arbeit. In dem Maße, wie wir in die Wissensgesellschaft hineinwachsen, bekommt auch das Wissen zunehmend den Rang eines gleichberechtigten Produktionsfaktors.

Wenn menschliche Arbeit eine Ressource ist, die man ähnlich wie die anderen Ressourcen im Arbeitsprozess nutzen, aber auch verschwenden kann, so ist es sicher legitim, auch nach den Voraussetzungen für die Erbringung der Arbeit zu fragen. Naturgemäß geht es dabei um die Menschen mit ihren Fähigkeiten und Fertigkeiten. Schon lange gebräuchlich, aber in letzter Zeit völlig in Verruf geraten, ist dafür der Begriff Humankapital, der sogar zum Unwort eines Jahres gekürt wurde. In der Volkswirtschaft wird (individuelles) Humankapital definiert als die Fähigkeiten und Fertigkeiten der Beschäftigten sowie das Wissen, über das sie verfügen und das sie durch Ausbildung, Weiterbildung und Erfahrung erworben haben. Ihr angesammeltes Wissen und Können ist die notwendige Voraussetzung, um wirtschaftlich verwertbare Tätigkeiten auszuüben.

Eigentlich hat der auf die makroökonomische Humankapitaltheorie zurückgehende Begriff durchaus seine guten Seiten. Er umschreibt die enorme Bedeutung motivierter und qualifizierter Mitarbeiter für die Unternehmen. Mitarbeiter werden damit in gewisser Weise vom Kostenfaktor zum Erfolgsfaktor aufgewertet. Leistungsbereitschaft und Know-how der Mitarbeiter sollen in den Mittelpunkt unternehmerischer Bemühungen gerückt werden. Dennoch hat das Konzept einen bitteren Beigeschmack: Menschen und ihre Bildung werden klassifiziert und nach ökonomischen bzw. monetären Gesichtspunkten bewertet. Im Extremfall wird sogar ausgewiesen, was der einzelne Mensch mit seiner Bildungsbiografie angeblich in Euro und Cent wert ist. Eine Spielart dieses Konzepts „misst" gleichsam das für die Bildung investierte Kapital. Maßstab ist die Dauer der Vollzeitbeschulung. Es wird unterstellt, dass die Dauer der Ausbildung weitgehend identisch ist mit ihrem Ergebnis.[20] Das hat natürlich wenig zu tun mit einem Verständnis von Bildung als Prozess der freien „Personenwerdung,"[21] der ein humanistisches Bildungsideal voraussetzt.

Eine Alternative bietet aus meiner Sicht der Begriff „Humanressourcen", um die Funktion der menschlichen Arbeitskraft als Ressource zu erfassen. Auch dieser Begriff hat Nachteile, denn der Ressourcenbegriff ist indirekt mit dem Gedanken des Verbrauchs gekoppelt. Und genau das soll ja im Arbeitsprozess nicht passieren. Ich will trotz dieser Einschränkungen bei dem Begriff bleiben. Humanressourcen umfassen aus meiner Sicht das durch natürliche Komponenten wie Körperkraft, Intelligenz, Gesundheit sowie durch Qualifikation, Wissen, Fähigkeiten und Fertigkeiten bestimmte Vermögen von Menschen, im Arbeitsprozess Werte schaffend aktiv zu werden. Der Arbeitsprozess kann dabei nicht auf die bezahlte Erwerbsarbeit reduziert werden. Er umfasst alle Formen von Arbeit, die Produkte und Dienstleistungen im weitesten Sinne erzeugt. Die Humanressourcen einer

Gesellschaft oder eines Unternehmens sind dann identisch mit der Summe der im Arbeitsprozess nutzbaren Fähigkeiten und Fertigkeiten seiner Mitglieder. Bildung wäre in diesem Sinne eine auf die Herausbildung von Humanressourcen orientierte Dienstleistung. In der Literatur findet man auch enger gefasste Auffassungen zum Begriff Humanressourcen. Sie werden z. B. als personengebundenes Humankapital und personengebundenes Wissen verstanden.²²

Sicherlich bleiben bei solchen Begriffsbildungen Fragen offen, und manchmal entstehen wohl auch Aversionen. Was haben Humanressourcen oder das menschliche Arbeitsvermögen mit den natürlichen Ressourcen zu tun? Ist es angesichts der Einzigartigkeit menschlicher Wesen nicht von vornherein unzulässig, derartige Vergleiche anzustellen und sogar Schlussfolgerungen aus dem einen Themenfeld in das andere zu übertragen? Kann man Humanressourcen überhaupt so entwickeln und anwenden, dass der noch zu erklärende Begriff „Nachhaltigkeit" zu Recht Anwendung findet? Und ist es zulässig, den Menschen nur aus der Sicht seiner Rolle im Arbeitsprozess zu betrachten, wo Arbeit doch bestenfalls eine Seite des menschlichen Lebens repräsentiert?

Ich kann diese Fragen nicht erschöpfend beantworten, aber es lassen sich zumindest Richtungen benennen, in denen man Begründungen für die fast schon diskriminierende Reduzierung des Menschen auf sein Arbeitsvermögen finden kann. Zudem hat in der Nachhaltigkeitsdebatte die soziale Nachhaltigkeit schon lange Einzug gehalten. Humanressourcen sind aber Bestandteil sozialer Ressourcen.

Was mir aber noch viel wichtiger erscheint, ist ein Vergleich, der sich nahezu aufdrängt. Etwa bis Mitte der Siebzigerjahre lebten große Teile der Menschheit in dem Glauben, die Umwelt wäre ein Fass ohne Boden. Und zwar in doppelter Hinsicht. Man könne, so die landläufige Meinung, aus diesem Fass beliebige Mengen an Rohstoffen, Energieträgern und Naturprodukten herausholen. Die Vorräte schienen unerschöpflich. Und man könne die entstehenden Abfälle ebenso unbegrenzt und bedenkenlos in die Umwelt entsorgen. Beides erwies sich als kapitaler Denkfehler. Die natürlichen Ressourcen erschöpfen sich schneller als gedacht, und immer wieder ging das Gespenst einer Ölkrise, einer Stahlkrise oder einer Kupferkrise um. Gleichzeitig erkannte man, dass die Aufnahmefähigkeit der natürlichen Systeme für die Abfälle der Menschen schneller endet und die Ableitung von Abfällen zur radikalen Zerstörung der Umwelt führt.

Bei aller Gewagtheit von Vergleichen lässt der Umgang mit Humanressourcen durchaus Parallelen zur Nachhaltigkeitsdebatte erkennen. Über Jahrzehnte war es völlig selbstverständlich, dass für die Wirtschaft ausreichende Potenziale an Erwerbstätigen zur Verfügung standen. Zwar gab es immer wieder Diskussionen über die Qualität der Bewerber oder auch über partiell fehlende Berufsgruppen. Angesichts der starken Jahrgänge waren das allerdings nur Details eines schier überquellenden Angebotes. Analog zur Umweltdebatte schien das Potenzial an Arbeitskräften fast unerschöpflich. Durch die Bildungsexpansion – den steigenden Anteil formaler Abschlüsse vom Facharbeiter bis zum Hochschulabsolventen – stieg parallel zur Quantität auch die Qualität der verfügbaren Arbeitskräfte. Höhere Qualifikationen waren wesentliche Voraussetzungen, um durch Rationalisierung und Automatisierung die Produktivität zu steigern, sodass die Menge an hergestellten Produkten pro Beschäftigten kontinuierlich zunahm. Die höheren Qualifikationen wurden von der Wirtschaft in allen entwickelten Industrieländern gern in Anspruch genommen. Nur fragte kaum jemand nach den langfristigen beruflichen Perspektiven der Menschen als Träger der Qualifikationen. Es wurde als mehr oder weniger normal empfunden, dass sich die Humanressourcen im Erwerbsleben „abnutzten" und dann durch neue, nachrückende ersetzt wurden. Um nicht falsch verstanden zu werden: Es geht hier nicht um das entmenschte System des frühen Kapitalismus, das Menschen ausbeutete, auslaugte und dann gewissermaßen ausspie. Es gab gerade in den Siebziger- und Achtzigerjahren des 20. Jahrhunderts ausführliche Diskussionen zu den sozialen Perspektiven der Beschäftigten. Die „verbrauchten" Erwerbstätigen wurden zumindest in der Bundesrepublik Deutschland in einem recht haltbaren sozialen Netz aufgefangen. In diesem Netz konnte man sich sogar ganz wohl fühlen, was zu einer unheiligen Allianz von Unternehmen, Gewerkschaften und betroffenen Beschäftigten führte.

Das soziale Netz erleichterte wesentlich die Entstehung einer zweiten Parallele zum Umgang mit den natürlichen Ressourcen. Diese wurden nach Gebrauch in die Umwelt entsorgt, und es schien selbstverständlich, dass die Umwelt diese Entsorgung verkraften würde. Ähnlich handhabe man das mit den Humanressourcen. Auch sie wurden und werden „entsorgt", und zwar in die sozialen Systeme. Unternehmen, Gewerkschaften und Betroffene sahen es über Jahrzehnte als normal an, dass ältere Erwerbstätige in den Vorruhestand gingen, sobald die Unternehmen einen Überplanbestand an Mitarbeitern hatten. Das beliebte Argument lautete, man könne durch den Vorruhestand der Älteren die Jungen in Beschäftigung halten. Die Beschäftigung Älterer war und ist gewissermaßen die Stellschraube, mit der man auf betrieblicher Ebene Personal abbauen konnte, ohne den sozialen Frieden im Unternehmen zu gefährden. Angesichts dieser so selbstverständlich gehandhabten Möglichkeit schlich sich sowohl bei den Unternehmen als auch bei den Mitarbeitern die Gewohnheit ein, ab einem von Unternehmen zu Unternehmen differierenden Alter den vorzeitigen Abgang in den Ruhestand nicht nur zu akzeptieren, sondern sogar anzustreben. Je früher dieser erwartet wurde, desto geringer waren die Bemühungen beider Seiten, dem Verschleiß von Qualifikationen und Arbeitskraft entgegenzuwirken. Die Arbeitskraft, insbesondere die Qualifikation zu erhalten, genau das wäre aber der Kern einer auf Nachhaltigkeit ausgerichteten Strategie gewesen.

Was ist Nachhaltigkeit?

Bevor ich auf die nachhaltige Entwicklung der Humanressourcen weiter eingehe, will ich einen kurzen Schwenk in Richtung der allgemeinen Diskussion um eine nachhaltige Entwicklung machen. Die Frage lautet: Was ist eigentlich Nachhaltigkeit? Die Überlegungen zur nachhaltigen Gestaltung von wirtschaftlichen Prozessen haben eine lange Tradition. Schon 1795 schrieb der preußische Oberlandforstmeister Hartig über die Forstwirtschaft:

„Es lässt sich keine dauerhafte Forstwirtschaft denken und erwarten, wenn die Holzabgabe aus den Wäldern nicht auf Nachhaltigkeit berechnet ist. Jede weise Forstdirektion muss daher ihre Waldungen (...) so zu benutzen suchen, dass die Nachkommenschaft wenigstens ebenso viel Vorteil draus ziehen kann, als sich die jetzt lebende Generation aneignet."[23]

Georg Ludwig Hartigs Gedanken, Ressourcen nicht blind zu verbrauchen, sondern den kommenden Generationen eine lebenswerte Umgebung zu hinterlassen, ziehen sich bis heute als Metapher durch die Nachhaltigkeitsdiskussion. Diese entwickelte sich in drei Phasen. Die erste Phase war die des traditionellen Naturschutzes (Ende 19./Anfang 20. Jh.). Die zweite Phase betraf die Ökologiebewegungen (1970er und 80er Jahre). Die dritte noch andauernde Phase wird als Phase der globalisierten ökologischen Krise (Ende 1980er/Anfang 90er Jahre) bezeichnet.[24] In der dritten Phase setzte sich die Erkenntnis durch, dass die ökologische Krise eine globale Krise ist, die nicht allein aus ökologischer Sicht, sondern einschließlich ihrer sozialen und ökonomischen Zusammenhänge betrachtet werden muss.[25] Das war gewissermaßen die Geburtsstunde für ein umfassendes Verständnis von Nachhaltigkeit.

Der schon von Hartig entwickelte Grundgehalt des Begriffes wurde auf das sogenannte Drei-Säulen-Modell ausgedehnt. Nach diesem soll nachhaltige gesellschaftliche Entwicklung gleichberechtigt ökologische, wirtschaftliche und soziale Zielsetzungen verwirklichen. Mit der Aufnahme sozialer Zielstellungen sind wir schon dicht bei der nachhaltigen Entwicklung von Humanressourcen angelangt. Denn die Gleichrangigkeit der Säulen wird vorrangig damit begründet, dass in einer nachhaltigen Gesellschaft nicht nur die ökologischen Voraussetzungen als Ressourcen zu betrachten sind. Auch ökonomische, soziale und kulturelle Bedingungen, Leistungen und Werte sind Ressourcen. Offensichtlich gilt das auch für die Humanressourcen, die – wie noch gezeigt wird – als Bestandteil der sozialen Ressourcen verstanden werden können.

Gemäß dem Nachhaltigkeitspostulat sollen auch die ökonomischen und sozialen Ressourcen zukünftigen Generationen erhalten werden. „Erhalten" ist hier allerdings nicht im wörtlichen Sinne zu verstehen. Soziale und kulturelle Bedingungen und Ressourcen unterliegen einem stetigen Wandel, der eine ständige Erneuerung einschließt. Man kann sie weder konservieren noch auf ewige Zeit reproduzieren. Aber man kann sorgsam mit ihnen umgehen und sie behutsam weiterentwickeln. Es ist auch möglich sie so zu nutzen, dass ihre Verwendung keine unnötigen Belastungen für unsere Enkel erzeugt. Kommende Generationen vermögen so auf einer Basis aufzubauen, welche die Werte und

Erfahrungen ihrer Vorgänger umfasst. Und sie schleppen nicht Belastungen mit, die heute durch verschwenderischen Umgang mit knappen Ressourcen erzeugt werden.

Genau das erfolgt gegenwärtig beim Umgang mit Humanressourcen. Die Frühverrentung ganzer Jahrgänge von Erwerbstätigen wird letztlich über die Sozialsysteme – insbesondere die Rentenkasse – finanziert. Da diese schon lange nicht mehr allein aus Umlagen zwischen den Generationen bezahlt werden können, finanziert der Staat kräftig mit. Der Zuschuss des Bundeshaushaltes für die Rentenkasse steigt fast unaufhaltsam an. Da auch die öffentlichen Kassen wie die Rentenkasse permanent unter Schwindsucht leiden, ist der Finanzminister gezwungen, sich einen erheblichen Teil des benötigten Geldes von den Finanzmärkten zu leihen.

An dieser Stelle schließt sich der Kreis. Die Schulden abzutragen, ist eine Aufgabe der kommenden Generationen. Sie schleppen schon bei Geburt eine gewaltige Last mit sich, die sie ihr Leben lang begleiten wird. Nachhaltiges Handeln sieht anders aus: Es vermeidet nicht nur die Zerstörung der Umwelt durch intelligente Nutzung von Rohstoffen und Energieträgern. Es lässt sich auch nicht auf die Vermeidung und sachgemäße Lagerung von Abfällen reduzieren. Nachhaltig zu handeln verbietet, Arbeitsmarktprobleme von heute durch gepumptes Geld von morgen zu lösen.

In diesem Sinne ist die Verschwendung von Humanressourcen durch massenhafte Frühverrentung (aber natürlich auch durch Massenarbeitslosigkeit) eine Vorgehensweise, die ähnliche Auswirkungen hat wie die unbekümmerte Verschwendung von natürlichen Ressourcen. Wir spüren sie nur nicht so direkt in Form von qualmenden Schloten und stinkenden, das Grundwasser vergiftenden Deponien. Ihre Wirkungen sind indirekt, aber deswegen nicht weniger dramatisch. Die öffentlichen Haushalte verlieren Schritt für Schritt ihre Handlungsfähigkeit. Dringend notwendige Investitionen in Bildung und Forschung unterbleiben und schmälern zusätzlich die Zukunftschancen unserer Enkel. Weil zu wenig getan wird für die Stärkung der Humanressourcen, wird ihre Nutzung zusätzlich erschwert.

Vergleiche hinken bekanntlich, aber dennoch will ich einen weiteren Vergleich wagen. Die Verschwendung von Humanressourcen ist vergleichbar mit der Verschwendung von Material und Energie durch ineffiziente Technologie und bedenkenlosen Konsum ohne Rücksicht auf die Folgen. Material- und Energieverschwendung führen dazu, dass mehr verbraucht wird, als eigentlich nötig ist. Die Folgen sind geringere Reserven für unsere Nachfahren bei gleichzeitiger Anhäufung von Abfällen, die eine zweite Belastung für kommende Generationen darstellen.

Verschwendung von Humanressourcen ist gleichbedeutend mit dem vorzeitigen Verschleiß von Menschen, die nach der bisherigen Denkungsart ja durch Jüngere ersetzt werden können. Und sie ist gleichbedeutend mit dem Anhäufen von Schuldenbergen, die unsere Nachfahren kaum abtragen können. Verstöße gegen die Nachhaltigkeit haben also vergleichbare Folgen bei den verschiedenen Ressourcen. Sie belasten nicht nur unsere Gegenwart. Sie sind auch eine Bürde für die Zukunft.

Es gibt noch einen weiteren Grund, den Gedanken der Nachhaltigkeit auf die drei Säulen auszudehnen. Gerade das nachhaltige Denken lässt sich nicht in Schubläden einordnen, sondern folgt einem ganzheitlichen Ansatz. Da ist es nur konsequent, systemisch zu denken. Ökologie, Ökonomie und Soziales sind dann als drei eigenständige, aber eng miteinander verbundene Teilsysteme zu verstehen. Die miteinander gekoppelten Teilsysteme müssen langfristig stabil gehalten werden, um weder die natürlichen Systeme der Umwelt noch zivilisatorische Errungenschaften zunichte zu machen.[26]

Nachhaltige Entwicklung von Humanressourcen als Mittel und Ziel

Die Entwicklung von Humanressourcen unter dem Blickwinkel der Nachhaltigkeit zu betrachten, ist bisher wenig gebräuchlich. Möglicherweise widerstrebt es doch zu sehr unseren Vorstellungen von der Einzigartigkeit des Menschen, ihn als Ressource ähnlich wie Naturressourcen zu betrachten. Der Mensch ist schließlich nicht nur Objekt auf einem imaginären Arbeitsmarkt, sondern gleichzeitig selbstbestimmt handelndes Subjekt. Dennoch finden sich Ansätze in Richtung nachhaltige Entwicklung von Humanressourcen insbesondere innerhalb der Diskussion um soziale Nachhaltigkeit. Auch dieser Begriff hat sich erst nach und nach entwickelt und war lange umstritten.

Inzwischen wird seit einigen Jahren auf wissenschaftlicher und politischer Ebene an der Formulierung und systematischen Begründung eines Leitbildes sozialer Nachhaltigkeit gearbeitet.[27]

Dieses Leitbild greift auf drei zentrale normative Prinzipien zurück, die seit der UN-Konferenz für Umwelt und Entwicklung (UNCED) 1992 in Rio weite Verbreitung gefunden haben. Es sind Forderungen nach einem menschenwürdigen Leben für alle, Gerechtigkeit zwischen den Generationen und Regionen und nach gleichberechtigter Partizipation aller Akteursgruppen.[28] Soziale Nachhaltigkeit einzufordern bedeutet also, sich in breitester Front mit den Grundproblemen unserer Zeit auseinanderzusetzen. Das führt unmittelbar zur Frage, wie denn unsere Gesellschaft beschaffen sein müsste, um unter den Bedingungen der sogenannten Krise der Arbeitsgesellschaft[29] überhaupt weiter zu bestehen. Wenn der Arbeitsgesellschaft, die sich nur noch über Arbeit definiert, wirklich die Arbeit ausginge, wären auch Überlegungen zur nachhaltigen Entwicklung der Humanressourcen wenig erfolgversprechend. An ihrer Stelle bedürfte es dann wohl eher eines neuen Gesellschaftsmodells und weniger der Auseinandersetzung mit der Frage, wie durch nachhaltige Entwicklung der Humanressourcen ein Beitrag zur Entschärfung der ökologischen Krise geleistet werden kann.

Ich kann diese Überlegungen – so interessant sie auch sein mögen – an dieser Stelle nicht vertiefen. An ihrer Stelle gehe ich von einer eher simplen Annahme aus. Diese lautet, dass auch in der (deutschen) Arbeitsgesellschaft der Zukunft trotz Automatisierung und Verlagerung von Arbeit in andere Regionen noch genügend Arbeit vorhanden sein wird. Ist das der Fall, kommt man nicht an der Feststellung vorbei, dass eine sozial nachhaltige gesellschaftliche Entwicklung die Neu- oder besser Umorganisation der gesellschaftlichen Arbeit und damit zusammenhängend der sozialen Sicherungssysteme im Blick behalten muss.

Die nachhaltige Nutzung der Humanressourcen geht genau in diese Richtung. Sie berücksichtigt einerseits, dass Arbeit ein zentraler Faktor individueller Selbstverwirklichung in der „Arbeitsgesellschaft" darstellt. Andererseits trägt sie dazu bei, den Bestand der sozialen Systeme langfristig zu sichern. Mit der Verwirklichung einer nachhaltigen Entwicklung der Humanressourcen wird demzufolge ein wichtiger Beitrag zur Verwirklichung sozialer Nachhaltigkeit geleistet. Soziale Nachhaltigkeit bedeutet in letzter Konsequenz, allen Menschen ein lebenswertes Leben zu ermöglichen, dessen Verwirklichung nicht auf Kosten unserer Enkel erfolgt.

Wege zur nachhaltigen Entwicklung der Humanressourcen

Humanressourcen nachhaltig zu entwickeln ist sicher eine wichtige und anspruchsvolle Aufgabe. Es geht mir aber nicht um das Problem der nachhaltigen Entwicklung jeglicher Art von Humanressourcen. Vielmehr steht die Frage im Zentrum, welche Zusammenhänge zwischen der älter werdenden Gesellschaft und der Nachhaltigkeitsdiskussion bestehen. Wichtige Teile der Antwort habe ich bereits diskutiert. Nachhaltige Nutzung der Humanressourcen bedeutet, den vorzeitigen Ausstieg von Erwerbspersonen aus dem Arbeitsleben zu verhindern. Gelingt das, ergibt sich eine deutliche Verringerung des Altenquotienten und die dringend notwendige Entlastung der Sozialkassen.

Um das vorzeitige Ausscheiden zu verhindern, bedarf es eines ganzen Bündels von Maßnahmen, die gleichermaßen die Gesellschaft, die Unternehmen und die einzelnen Menschen betreffen. Verkürzt gesagt, braucht die Gesellschaft ein Umdenken hinsichtlich der Leistungsfähigkeit Älterer. An die Stelle der wohlfeilen Frühpensionierung als Weg zu Entlastung des Arbeitsmarktes tritt die Notwendigkeit, Maßnahmen zum Erhalt der Leistungsfähigkeit zu finanzieren. Immer vorausgesetzt, es gibt genug Arbeit oder man kann die vorhandene Arbeit ausreichend verteilen. Die Grundsätze für die Gesellschaft gelten auch für die Unternehmen. An ihnen ist es, Arbeitserfahrungen als wichtigen Bestandteil des Humankapitals zu begreifen. Für den Einzelnen bedeutet das, seine eigene Leistungsfähigkeit kontinuierlich zu erhalten und weiter auszuprägen.

Die individuelle Leistungsfähigkeit muss Schritt halten mit den rasanten Veränderungen des Arbeitsmarktes. Erhaltung der Leistungsfähigkeit reicht demzufolge nicht. Nur wenn die Entwicklung der individuellen Leistungsfähigkeit mindestens mit der gleichen Geschwindigkeit erfolgt wie die Veränderung des Arbeitsmarktes, wird Nachhaltigkeit erreicht. Wer auf der Stelle tritt, wird abgehängt. Die Arbeitswelt weist eine rasante Entwicklungsdynamik auf. Veränderungen erfolgen immer rascher.

Heute noch aktuelle Technologien sind morgen ein alter Hut. Produkte zu entwickeln, dauert meist länger als deren Marktpräsenz. Die Produktvielfalt wird breiter, und gegenständliche Produkte werden zusammen mit Dienstleistungen vermarktet. Für die Mitarbeiter von Unternehmen bedeutet das, sich auch in Serviceleistungen einzuarbeiten. Unterschiedlichste Aufgaben müssen miteinander kombiniert werden. Die Veränderungsprozesse gehen mit der ständigen Entstehung neuen Wissens einher.[30] Um am Ball zu bleiben, müssen die Erwerbstätigen veraltetes Wissen kontinuierlich durch neues Wissen ersetzen. Alte, nicht mehr benötigte Fertigkeiten werden verlernt, und neue Fähigkeiten und Fertigkeiten werden erworben. Die Industriegesellschaft konnte mangelnde Qualifikation von Berufseinsteigern und Älteren durch die Art der damals dominierenden Tätigkeiten verkraften. Früher Vorruhestand sorgte für Entlastung des Arbeitsmarktes.[31] In der Wissensgesellschaft funktionieren diese Mechanismen nicht mehr.

Fragt man nach konkreten Wegen zur nachhaltigen Entwicklung der Humanressourcen, kann man Anleihen bei der Diskussion um das ungeliebte Humankapital aufnehmen. Neben der Untergliederung von Nachhaltigkeit in die oben benannten drei Säulen ökologische, soziale und ökonomische Nachhaltigkeit existieren noch andere Systematisierungsansätze. Einer teilt Nachhaltigkeit in die Nachhaltigkeit von ökonomischem, sozialem, humanem und sozialem Kapital ein.[32] „Humane Nachhaltigkeit", soweit man diesen Begriff überhaupt verwenden kann (besser passt wohl „human sustainability"), ist die Aufrechterhaltung von Humankapital. Humankapital versteht sich dann als ein privates Gut von Individuen, das sich aus den Bestandteilen Gesundheit, Bildung, Fähigkeiten, Wissen, Führerschaft und Zugang zu Dienstleistungen zusammensetzt.[33] Humankapital, so die Vertreter dieser Denkrichtung, bedarf zu seiner Erhaltung ständiger Pflege durch Investitionen und Leistungen. Wird es nicht „gepflegt", verfällt es. Das bedeutet letztlich, dass Humankapital sich nicht in erster Linie durch Gebrauch abnutzt. Auch wenn es brachliegt, verliert es an Wert. Um es zu erhalten oder im Wert zu steigern, müssen Nutzung und Aufwertung durch Investitionen miteinander verbunden werden. Drei Wege bieten sich an, um die Humanressourcen einer Nation oder eines Unternehmens nachhaltig zu entwickeln.

Der erste Weg unterscheidet sich deutlich von Prinzipien der nachhaltigen Nutzung natürlicher Ressourcen. Diese bleiben gerade dann erhalten, wenn sie vom Menschen unbeeinflusst bleiben. Ökosysteme nutzen sich nicht von selbst ab, sondern regenerieren sich ohne äußere Einflüsse. Humanressourcen verfallen, wenn sie nicht im Arbeitsprozess genutzt werden. Mühsam erlerntes Wissen wird vergessen, Fähigkeiten und Fertigkeiten werden verlernt. Vor diesem Hintergrund ist die permanente Einbindung in Beschäftigung einer der wichtigsten Wege zur nachhaltigen Entwicklung von Humanressourcen. Nicht ohne Grund sinken die Chancen von Arbeitslosen, einen Job zu finden, mit der Dauer der Arbeitslosigkeit rasant ab. Manches an den weitverbreiteten Einschätzungen hinsichtlich des Verlusts von Wissen und Können ist nach meinen Erfahrungen zwar überzogen. Längere Arbeitslosigkeit bedeutet noch lange nicht, dass man wieder bei Null anfängt. Vielmehr können auch manche Langzeitarbeitslose erstaunliche Potenziale mobilisieren, wenn sie eine echte Chance erhalten. Dennoch ist der Zusammenhang zwischen Dauer der Arbeitslosigkeit und Problemen der Reintegration nicht zu bestreiten. Arbeitslosigkeit führt zum Verlust von Fähigkeiten, Fertigkeiten und Motivation. Doch nicht nur der Verlust des Arbeitsplatzes schwächt die Humanressourcen. Auch langfristige einseitige Arbeit ohne Veränderungen, neue Anforderungen und Lernbedarfe bewirkt eine sinkende Qualität der Humanressourcen. Für den aktuellen Arbeitsplatz mögen sie noch eine Weile ausreichen. Geht dieser verloren und wird ein Neuanfang notwendig – egal ob innerhalb oder außerhalb des bisherigen Unternehmens –, so sind die Probleme vorprogrammiert.

Der zweite Weg betrifft das Vermeiden unnötigen Verschleißes. Hier sind die Parallelen zur nachhaltigen Nutzung natürlicher Ressourcen deutlicher. Ökosysteme können vom Menschen auf sehr unterschiedliche Weise genutzt werden. Entweder so, dass sie nach einmaligem Gebrauch erschöpft sind und in sich zusammenbrechen. Schon in der Antike wurden ganze Wälder abgeholzt ohne Chance auf Wiederaufforstung. An die Stelle grüner Oasen traten Steppen und Wüsten. Oder so, dass Belastungen in einem Rahmen bleiben, den das System noch aus eigener Kraft ausgleichen kann. Einzelne Bäume zu fällen, ohne den Wald zu zerstören, ist so ein Weg. Bei der Nutzung von Humanressourcen ist es ähnlich. Zwar altert der Mensch unabweislich und mit steigendem Alter gehen manche körperlichen und geistigen Fähigkeiten zurück bzw. wandeln sich. Wie schnell der Abbauprozess erfolgt und welche ausgleichenden neuen Fähigkeiten entstehen, ist aber kein Naturprozess. Entscheidend für die Geschwindigkeit des Verschleißes sind meist die Arbeitsbedingungen. Das gilt sowohl für physischen als auch für psychischen Verschleiß. Die Gegenstrategie besteht darin, die Arbeitsbedingungen so zu gestalten, dass die Belastung sinkt. Das ist auf verschiedene Weise möglich. Zunächst ist es möglich, beim Verhalten der Erwerbstätigen zu beginnen. Diese Möglichkeit wird auch als Verhaltensprävention bezeichnet. Im einfachsten Fall betrifft das (physische) Techniken des richtigen Hebens und Tragens oder (psychische) Techniken zum Umgang mit Stress. Die andere Vorgehensweise verändert die Rahmenbedingungen des Arbeitsplatzes. Das ist die Verhältnisprävention. Der Einbau einer Lüftungsanlage zum Absaugen von Luftschadstoffen gehört ebenso dazu wie ergonomische Stühle oder das Einhalten der Bildschirmverordnung. Scheinbar kostenlos und dennoch viel schwieriger zu haben, ist ein Abbau der psychischen Belastung. Fehler im Verhalten von Vorgesetzten sind hier eine häufige Quelle. Wenn Führungskräfte ihr Verhalten so steuern, dass die Belastung der Mitarbeiter reduziert wird, leisten sie letztlich einen Beitrag zur nachhaltigen Entwicklung der Humanressourcen ihres Unternehmens.

Der dritte Weg zur nachhaltigen Entwicklung von Humanressourcen unterscheidet sich grundlegend von Nachhaltigkeitsstrategien für natürliche Ressourcen. Humanressourcen werden in erster Linie durch Lernprozesse aufgewertet. Lernen ist die wichtigste Möglichkeit, die rasante Entwicklung des Arbeitsmarktes zu bewältigen. Zu lernen ist die eigentliche Investition in die Humanressourcen. Dabei ist es zunächst nicht entscheidend, wo das Lernen erfolgt und wer es bezahlt. Durch Lernprozesse wird neues Wissen angeeignet, neue Fähigkeiten und Fertigkeiten werden erworben. Diese drei Faktoren sind ausschlaggebend für die Qualität der Humanressourcen. Lernen soll heute ein lebenslanger Prozess sein – so heißt es zumindest in den Sonntagsreden vieler Politiker und Verbandsfunktionäre. Und tatsächlich: Wer nicht ständig lernt, spürt spätestens bei der nächsten grundlegenden Veränderung seines Arbeitsplatzes oder beim Verlust desselben, wie wenig nachhaltig die Entwicklung seiner individuellen Ressourcen war. Ihm oder ihr fehlen nicht nur Fähigkeiten und Kenntnisse für neue Arbeitsaufgaben. Was noch mehr fehlt, ist die Fähigkeit zu lernen.

Warum unterziehen sich Erwachsene den Mühen der Weiterbildung?

Es lohnt sich etwas näher anzuschauen, wofür Erwachsene nach Abschluss ihrer Berufsausbildung im Rahmen der beruflichen Weiterbildung lernen.

Ein Motiv für die Teilnahme an der beruflichen Weiterbildung ist der berufliche Aufstieg durch Erwerb eines anerkannten Zertifikates. In Meisterkursen, Technikerschulen und sonstigen Formen der Aufstiegsweiterbildung wird Vorratswissen für die spätere berufliche Laufbahn erworben. Dabei werden die Lernenden einer Besonderheit des deutschen Bildungssystems gerecht. Deutschland ist eine Zeugnisgesellschaft.[34] Lernergebnisse werden am besten durch anerkannte Zertifikate von Hochschulen, Kammern, staatlichen Stellen usw. nachgewiesen. Mit den Zeugnissen bedient man auch die hohe Wertschätzung von theoretischem Wissen gegenüber Erfahrungen. Mit aktuellen, vor kurzer Zeit erworbenen Zertifikaten kann jeder Personalchef etwas anfangen.

Das zweite Motiv besteht im Erwerb von Fähigkeiten und Fertigkeiten, um neue Anforderungen im ausgeübten Beruf zu bewältigen (berufsbegleitende Weiterbildung). Hier ist am Ende der Qualifizierung Handlungskompetenz gefragt. Nicht selten wird in kurzen Weiterbildungssequenzen das notwendige Wissen vermittelt, um dieses dann im Unternehmen anzuwenden.

Das dritte Motiv ist die Hoffnung auf Reintegration in den ersten Arbeitsmarkt. Ähnlich wie bei der berufsbegleitenden Weiterbildung sind die erworbenen Kompetenzen entscheidend. Wissensvermittlung und Kompetenzentwicklung sollten daher eine möglichst enge Einheit bilden. Durch Nutzung der Potenzen des Lernortes Arbeitsplatz ist das am besten zu erreichen.

Wer beteiligt sich an der Weiterbildung?

Obwohl kaum jemand gegen ständiges Lernen ist, wird im konkreten Fall zu gern bezweifelt, ob sich das Lernen für jeden tatsächlich lohnt. Dahinter steckt nicht selten das Ziel, für Lernprozesse eingesetzte öffentliche oder private Ressourcen einzusparen. Ein Beispiel dafür war und ist die Bundesagentur für Arbeit. Bis nach der Jahrtausendwende wurde die Weiterbildung Erwerbsloser großzügig gefördert. So großzügig, dass Bildung manchmal auch verschleudert wurde und eine umfangreiche öffentliche Diskussion über die Sinnlosigkeit von Weiterbildung entbrannte. Mit der Hartz-Reform kam die Wende. Berufliche Weiterbildung wurde rigoros zurückgefahren. Als Begründung diente, wie der damalige Chef der BA, Florian Gerster, unter Verweis auf wissenschaftliche Studien schrieb, die angebliche Wirkungslosigkeit der Qualifizierungsmaßnahmen für die Beschäftigungschancen der Teilnehmer.[35] In solchen Studien gab es tatsächlich Hinweise, dass der erhöhte Einsatz von Fort- und Weiterbildung in Ostdeutschland längerfristig die Arbeitslosigkeit sogar steigert.[36]

Inzwischen hat sich still und leise das Bild gewandelt. Neuere und wesentlich besser fundierte Studien des Instituts für Arbeitsmarkt- und Berufsforschung haben gezeigt, dass die Teilnehmer an Qualifizierungsmaßnahmen, verglichen mit nicht qualifizierten Kontrollgruppen, nach vier und mehr Jahren bessere Beschäftigungschancen hatten. In Ostdeutschland, so Miquel und Wunsch vom IAB, verbesserten sich bei den Teilnehmer/innen aller untersuchten Fortbildungs- und Umschulungsmaßnahmen langfristig die Beschäftigungs- und Verdienstaussichten im Vergleich zu nicht teilnehmenden Arbeitslosen.[37] Ähnliche Ergebnisse enthält auch der erste Evaluationsbericht zur Wirksamkeit der Arbeitsmarktreformen (Hartz-Evaluation). Die Autoren kommen zu dem Schluss, dass berufliche Weiterbildung ein erfolgreiches Arbeitsmarktinstrument darstellt.[38]

Das ist kein Freibrief für unsinnige oder qualitativ unzureichende Weiterbildungsmaßnahmen. Es zeigt aber, dass Bildung ein wirksames Mittel zur nachhaltigen Entwicklung von Humanressourcen darstellt. Deutschland ist auf diesem Gebiet beileibe kein Musterknabe. Wie die Expertenkommission „Finanzierung Lebenslangen Lernens" feststellte, wird in den meisten

EU-Ländern mehr in die berufliche Weiterbildung investiert als in Deutschland.[39] Ein ähnliches Bild bietet sich beim Vergleich der Weiterbildungsbeteiligung. Im gemeinsamen Bericht „Bildung in Deutschland"[40] des Bundesministeriums für Bildung und Forschung und der Kultusministerkonferenz werden aus den 15 alten EU-Ländern die Teilnahmequoten an allen Formen des Lernens (mit Ausnahme des später noch zu erläuternden informellen Lernens) im Erwachsenenalter vergleichend dargestellt. Deutschland kommt auf 42 Prozent. Schlechter liegen nur Großbritannien (38 Prozent), Spanien (25 Prozent) und Griechenland (17 Prozent). Demgegenüber erreichen Österreich 89, Dänemark 80, Finnland 77 und Schweden 71 Prozent.

Doch damit nicht genug. Der Bericht stellt auch fest, dass die Weiterbildungsbeteiligung der deutschen Bevölkerung seit 1997 merklich gesunken ist. Die jährlichen öffentlichen Ausgaben für Weiterbildung fielen zwischen 2000 und 2003 um 20 Prozent. Die Angebote der Bundesagentur für Arbeit haben sich von 2000 bis 2004 fast halbiert, ab 2006 wachsen sie langsam wieder. Besonders dramatisch ist der Befund, dass sich in der Erschließung neuer Qualifikationspotenziale und der Kompensierung von früheren Bildungsdefiziten im letzten Jahrzehnt wenig getan hat. Gering qualifizierte Beschäftigte sind nach wie vor deutlich weniger an Weiterbildung beteiligt als höher qualifizierte Beschäftigungsgruppen. Insbesondere die Weiterbildungsbeteiligung der gering qualifizierten Beschäftigten verharrt auf geringem Niveau. Ähnliches gilt für die Weiterbildungsbeteiligung jüngerer und älterer Erwerbspersonen. Nicht nur geringe Qualifikation, sondern auch das Alter reduziert die Weiterbildungsbeteiligung. Nun darf man speziell die Statistiken zur Weiterbildungsbeteiligung nicht überbewerten. Ihre Ergebnisse hängen sehr stark davon ab, was man unter Weiterbildung überhaupt versteht. Und genau da gibt es durchaus unterschiedliche Meinungen.[41] Außerdem beeinflusst auch die Art der Erstausbildung die Notwendigkeiten der Weiterbildung. Länder, in denen viele Jobs durch angelernte Arbeiter ausgefüllt werden, brauchen Teile der Weiterbildung, um Grundfertigkeiten zu vermitteln, die in Deutschland Bestandteil der Berufsausbildung sind. Dennoch macht die Tatsache nachdenklich, dass Deutschland bei vergleichbaren Kriterien einen hinteren Platz in der Weiterbildungsbeteiligung einnimmt.

Wer leistet Beiträge zur nachhaltigen Entwicklung von Humanressourcen?

Nachhaltige Entwicklung der Humanressourcen ist eine Aufgabe für die Gesellschaft (bzw. die Politik), Unternehmen und Individuen. Der Gesellschaft als Ganzes bzw. der Politik kommt die Rolle zu, einen gesellschaftlichen Grundkonsens über die Notwendigkeit der Investitionen in Humanressourcen herbeizuführen und Bedingungen – insbesondere in Finanzierung und Gesetzgebung – zu schaffen. Dass es damit in Deutschland nicht zum Besten bestellt ist, wurde im letzten Absatz bei der Betrachtung der Investitionen in die Weiterbildung bereits deutlich. Hier auf eine Umkehr zu hoffen, wäre angesichts leerer Kassen gewagt. Und dennoch gibt es Hoffnungszeichen. Die Europäische Union pumpt seit Jahren Milliardenbeträge aus den europäischen Strukturfonds in Regionen mit Entwicklungsrückstand. Ein Teil des Geldes, der aus dem Europäischen Sozialfonds (ESF) kommt, wurde schon immer für Qualifizierungsmaßnahmen verwendet. Verglichen mit den Investitionen in Infrastruktur und betriebliche Entwicklungsmaßnahmen sind das allerdings bescheidene Beträge. Genau hier regt sich inzwischen der Widerstand. Ostdeutsche Länder verlangen gemeinsam mit Partnern aus den neuen EU-Ländern ein Umsteuern. Sie wollen nicht länger akzeptieren, dass in schrumpfenden Regionen mit deutlich zurückgehender und alternder Bevölkerung der größte Teil der EU-Milliarden in Beton und Maschinen investiert werden muss. Als Alternative schlagen sie vor, nicht nur Wachstumskerne mit hochwertigen Arbeitsplätzen zu fördern, sondern auch lebenslanges Lernen von Arbeitnehmern aller Altersgruppen. Bei der Europäischen Kommission müsste eine solche Initiative eigentlich auf Interesse stoßen. Schließlich hat die Kommission die alternde Gesellschaft als eine der größten Herausforderungen für die Zukunft Europas charakterisiert.

Interessant ist, welche Rolle die Unternehmen bei der nachhaltigen Entwicklung von Humanressourcen haben und aus welchen Motiven heraus sie handeln. Um diese Frage zu beantworten, müssen wir etwas tiefer in die Welt der Unternehmensstrategie eintreten. Unternehmen stehen immer wieder vor der Aufgabe, trotz scharfen Wettbewerbs einen nachhaltigen, überdurchschnittlichen Unternehmenserfolg zu erreichen.

Aus der modernen Strategielehre sind zwei Konzepte bekannt, wie Unternehmen nachhaltige Wettbewerbsvorteile erreichen können.[42] Der erste Ansatz ist der marktorientierte Ansatz. Er beruht auf der Annahme, dass Unternehmen in der Lage sind, Unvollkommenheiten auf den Absatzmärkten einer Branche zu erkennen und auszunutzen. Mithilfe von Stärken-Schwächen- und Chancen-Risiken-Analysen werden Marktunvollkommenheiten erkannt, und das Unternehmen positioniert sich auf solchen Märkten, auf denen es einen Wettbewerbsvorteil hat. Gelingt das, kann das Unternehmen im besten Fall eine monopolartige Stellung erreichen und entsprechende Gewinne erzielen. Jedes Unternehmen kann dabei auf die gleichen Ressourcen wie Rohstoffe, Maschinen und vor allem qualifizierte Mitarbeiterinnen und Mitarbeiter zurückgreifen.

Für unsere Überlegungen zur nachhaltigen Entwicklung von Humanressourcen ist das zweite Konzept wichtiger. Im ressourcenorientierten Konzept steht die Einzigartigkeit von Unternehmen im Mittelpunkt. Unternehmen erlangen dann einen klaren Vorsprung vor der Konkurrenz, wenn es ihnen gelingt, solche Ressourcen aufzubauen, die nicht von Wettbewerbern imitiert werden können. Als betriebliche Ressourcen werden Realkapital, Humankapital und organisatorisches Kapital betrachtet. Für die nachhaltige Entwicklung von Humanressourcen sind das bereits erläuterte Humankapital und das organisatorische Kapital von besonderer Bedeutung. Organisatorisches Kapital umfasst die Summe der Beziehungen und des organisatorischen Wissens in einem Unternehmen.

Humankapital und organisatorisches Kapital stecken also gleichermaßen in den Köpfen der Beschäftigten. Humankapital im Sinne von Wissen und Können, organisatorisches Kapital als Ausdruck der Beziehungen zwischen den Beschäftigten. An dieser Stelle wird es interessant. Das Humankapital eines Erwerbstätigen kann ein Unternehmen noch am Markt kaufen, indem es einen Mitarbeiter von einer anderen Firma abwirbt. Das organisatorische Kapital einer ganzen Gemeinschaft von Mitarbeitern ist demgegenüber eine einzigartige unternehmensspezifische und schwer imitierbare Ressource. Sie zu übernehmen hieße, das Unternehmen zu übernehmen. Wenn Unternehmen die richtigen Maßnahmen zur nachhaltigen Entwicklung der Humanressourcen ihrer Mitarbeiter ergreifen, stärken sie gleichzeitig das Humankapital und das organisatorische Kapital. Ersteres, weil die Mitarbeiter z. B. neue Kompetenzen erwerben oder der vorzeitige Verschleiß ihrer Fähigkeiten verhindert wird. Zweitens, da die Mitarbeiter ihre internen Kommunikationsnetze weiter ausbauen und durch ihre neu gewonnenen Kompetenzen auf ein höheres Niveau anheben.

Im Sinne des ressourcenorientierten Konzeptes ist die nachhaltige Entwicklung der Humanressourcen ein wesentlicher Schritt zur Verbesserung der Wettbewerbsfähigkeit von Unternehmen. Verliert das Unternehmen mühsam aufgebaute Kompetenzen und Beziehungen zwischen Mitarbeitern ohne Not durch Verabschiedung noch voll leistungsfähiger (älterer) Mitarbeiter in den (Vor)Ruhestand, so ist das auch gleichbedeutend mit einem Verlust an Wettbewerbsfähigkeit. Je spezifischer die Produktpalette, desto geringer die Losgrößen, desto größer der Verlust. Mit dem Mitarbeiter geht unternehmensspezifisches Wissen und damit schwer ersetzbares Handlungswissen verloren, das in keinem Bildungscurriculum enthalten ist.[43] Ähnliches gilt, wenn ältere Mitarbeiter von der gezielten Weiterentwicklung der Humanressourcen ausgeschlossen werden. Was nicht genutzt wird, verfällt, und so gehen wichtige Ressourcen verloren.

Begeben wir uns abschließend noch auf die Ebene des Individuums. Warum sollten die Beschäftigten ihre Humanressourcen nachhaltig entwickeln? Schließlich kostet das doch Mühe und Kraft, die man auch im Freizeitbereich sinnvoll einsetzen könnte. Ist es nicht besser, rechtzeitig in Richtung des frühzeitigen Ausstieges aus dem Arbeitsleben zu denken, als sich mit Potenzialerhalt und Potenzialentwicklung abzuquälen?

Die Antwort hat etwas mit dem Stellenwert von Arbeit in unserer Gesellschaft zu tun. Seit Jahren hält sich hartnäckig das Gerücht, die Deutschen würden am liebsten in einem riesigen Freizeitpark leben. In Illustrierten veröffentlichte und gepflegte Mythen suggerieren, die Deutschen hätten sich weitgehend von der Arbeit abgewandt. Ernsthafte Sozialforscher geißeln die einschlägigen Umfragen als eine verkürzte Indikation recht oberflächlicher Demoskopie. In ihren Studien kommen sie zu ganz anderen Ergebnissen. So wird von repräsentativen Befragungen berichtet, in denen 72 Prozent der Befragten angaben, oft stolz auf ihre Arbeit zu sein. 54 Prozent hat ihre eigene Arbeit begeistert. Nur noch ein kleiner Teil der Befragten stellt sich als resignativ Zufriedene dar, die Mehrheit der Unzufriedenen äußert konstruktive Unzufriedenheit und will etwas ändern.[44]

Es deutet vieles darauf hin, dass die Mehrheit der Menschen arbeiten will. Ältere machen da keine grundsätzliche Ausnahme. Um aber über den Tag hinaus trotz der rasanten Entwicklungsgeschwindigkeit der Arbeitswelt arbeiten zu können, ist die nachhaltige Entwicklung der eigenen Humanressourcen unabdingbar. In diesem Zusammenhang muss noch ein Begriff erwähnt werden, der seitens der Europäischen Union Hochkonjunktur hat. Es handelt sich um die sogenannte „Beschäftigungsfähigkeit" oder auch „Employability".[45] Mit diesem Begriff wird das ganze Arsenal der fachlichen und überfachlichen Kompetenzen erfasst, die für (nachhaltige) Beschäftigung notwendig sind. Humanressourcen nachhaltig zu entwickeln bedeutet letztlich, die Beschäftigungsfähigkeit zu garantieren und zu verbessern. Genaueres dazu folgt im nächsten Kapitel. Hier werde ich mich mit der Frage auseinandersetzen, ob Ältere überhaupt das Potenzial haben, ihre Beschäftigungsfähigkeit trotz der unvermeidlichen Folgen physischer Alterungsprozesse in ausreichendem Maße zu erhalten und zu entwickeln.

Was können Ältere leisten und was unterscheidet sie von den Jungen?

Die Leistungsfähigkeit Älterer im Spiegel der öffentlichen Meinung

Kaum ein anderes Thema ist mit so vielen Mythen, Vorurteilen und subjektiven Eindrücken besetzt wie die Beurteilung der Leistungsfähigkeit von Älteren. Dafür gibt es viele Ursachen.

Da ist zunächst die Tatsache, dass jeder von uns von dem Thema unmittelbar berührt wird. Niemand kann sich dieser Frage entziehen. Entweder als direkt Betroffener, der selbst zu der nirgendwo scharf definierten Altersgruppe der Älteren gehört. Beginnt sie bei 45, bei 50 oder bei 55 Jahren? Die Antwort ist eine reine Definitionsfrage. Oder als Jüngerer, der sich automatisch mit den Älteren vergleicht, unabhängig davon, ob die Älteren Mitarbeiter, Kunden, Verwandte oder Freunde sind.

Eine zweite Ursache setzt unmittelbar an dem Selbstverständnis unserer durch das Leitbild der ewigen Jugend geprägten Kultur an. Fast jeder kennt den Ausspruch: „Alle wollen alt werden, keiner will alt sein." Er verkörpert wie kein zweiter eine Maxime der abendländischen Gesellschaft: Jung, erfolgreich und glücklich gehören zusammen. Alt wird gleichgesetzt mit Verfall und Abbau, letztlich mit drohender Todesnähe. Psychologen kommen zu ganz anderen Ergebnissen. So haben amerikanische Forscher in einer Befragung von rund 550 Menschen herausgefunden, dass ihre Probanden mit zunehmendem Alter immer glücklicher waren. Damit widersprechen sie der üblichen Meinung, die glücklichste Zeit erlebe ein Mensch in jungen Jahren,[46] die Zeit der ersten Liebe, des beruflichen Aufstiegs oder der Gründung einer Familie.

Eine dritte Ursache besteht darin, dass jeder von uns ständig Bezüge zwischen dem eigenen Lebensalter und der augenblicklichen Situation herstellt. Manche machen das bewusst, andere unbewusst. Bin ich krank, weil ich 60 bin und bestimmte Krankheiten mit dem Alter automatisch zunehmen? Habe ich meinen Job verloren und finde keinen neuen, weil ich 50 bin? Kann ich eine neue Beziehung gerade deshalb besonders genießen, weil ich mit 55 über ausreichend Erfahrungen verfüge? Sind wir mit 45 bessere bzw. schlechtere Eltern als mit 25? Die Reihe dieser Fragen ist gewissermaßen unendlich. Sie spiegeln die verschiedenen Etappen unseres Lebens ebenso wider wie subjektive Vorlieben, Ängste und Hoffnungen.

Noch eine vierte Ursache will ich nennen, welche die Einschätzung der Leistungsfähigkeit Älterer so kompliziert macht. Es gibt eine Vielzahl wissenschaftlicher Disziplinen, die sich mit diesen Fragen aus unterschiedlicher Sicht auseinandersetzen. Anthropologen untersuchen, welche Rolle Ältere und Jüngere in den verschiedenen Kulturen haben. Historiker erklären den Wandel der Rolle von junger und alter Generation in der Geschichte. Ärzte und Biologen erforschen die Prozesse des Alterns, beginnend bei den Erbanlagen über die Alterungsprozesse von einzelnen Zellen bis hin zum gesamten Menschen. Ökonomen bewerten die Produktivität der unterschiedlichen Altersgruppen. Die Ergebnisse dieser Disziplinen entwickeln sich mit hoher Dynamik. Was heute noch als unumstößliche Wahrheit gilt, wird morgen schon bezweifelt. So galt es lange Zeit als selbstverständlich, dass Ältere dazu neigen, sich zurückzuziehen und abzuschotten. Wie wir noch sehen werden, ist das heute ein alter Hut. Selbst Experten haben angesichts der Veränderungsdynamik Probleme, den Überblick zu behalten. Normalverbraucher sind schon deswegen in einer schwierigen Position, weil die Wissenschaft zu wenig Hilfe bei der Integration der verschiedenen Forschungsgebiete und noch weniger bei der verständlichen Darstellung anbietet. Da kann es denn schnell passieren, dass einzelne spektakuläre Ereignisse das öffentliche Meinungsbild prägen oder individuelle Erfahrungen überbewertet werden. Denken wir nur an die lange Zeit als unumstößliche Wahrheit verkündete These, das menschliche Gehirn hätte nach Überschreiten des jugendlichen Zenits nur noch eine Entwicklungsrichtung: den Abbau. Heute gehört das Wissen von der

Langzeitplastizität menschlicher Gehirne zu den Grundfesten der Hirnforschung.

Wodurch ist das öffentliche Meinungsbild nun geprägt, wenn es um die Einschätzung der Leistungsfähigkeit Älterer geht? Jeder mag sich selbst einmal die Frage stellen, welche Merkmale er nennen würde, wenn er aus persönlicher Erfahrung heraus die Leistungsfähigkeit Älterer im Vergleich zu Jüngeren einschätzen sollte. Möglicherweise käme es auch zur folgenden Wertung: Jüngere sind leistungsfähiger, innovativer, flexibler. Sie können körperliche Belastungen besser und länger ertragen und finden sich in neuen Situationen schneller zurecht. Sie lernen schneller und stehen Neuem offen gegenüber. Ältere dagegen sind konservativer. Sie verharren lieber in bestehenden Erfahrungsbereichen, als dass sie bereit wären, neue Wege zu gehen. Körperlich ist ihre Belastungsfähigkeit geringer, sie ermüden schneller. Sicher, sie haben eine Menge Erfahrungen, aber was sind die noch wert in einer Welt, die sich mit hoher Geschwindigkeit und oftmals in unvorhersehbare Richtungen entwickelt? Alles in allem eine eindeutige Sache: Jüngeren gehört die Zukunft, Älteren die Vergangenheit.

Soweit die landläufigen Vorurteile. Doch schauen wir genauer hin! Plötzlich wird das Ergebnis viel differenzierter. Es hängt nämlich auch bei der individuellen Wahrnehmung von vielen Rahmenbedingungen ab, zu welchem Ergebnis Vergleiche zwischen Jung und Alt führen. Eine Rahmenbedingung ist das Tätigkeitsfeld oder das Arbeitsgebiet, in dem der Vergleich erfolgt. Beliebtes Beispiel für ein Handlungsfeld mit Vorteilen für die Jüngeren ist die Anwendung moderner Informationstechnologien. Die Jungen wachsen hier ganz selbstverständlich hinein und sind bei gleicher Qualifizierungsstufe meist wesentlich fitter. Ganz anders kann es aussehen, wenn das Verhalten in Führungsfunktionen verglichen wird. Oder handwerkliche Fähigkeiten. In beiden Fällen können die Erfahrungen der Älteren durchaus Vorteile in der Leistungsfähigkeit bringen. Die nächste Frage ist: Wessen Leistungsfähigkeit wird miteinander verglichen? Da gibt es selbst innerhalb eines Qualifikationsniveaus deutliche Unterschiede. Bei hart arbeitenden Handwerkern aus dem Baugewerbe ist der körperliche Vorsprung eines Dreißigjährigen auch durch umfangreiche Erfahrungen der Älteren kaum mehr auszugleichen. Die Bediener von computergesteuerten Werkzeugmaschinen in der Metallindustrie sind ebenfalls Facharbeiter und arbeiten hart. Dennoch ist hier keineswegs ein automatischer Zusammenhang zwischen Alter und Leistungsfähigkeit nachzuweisen. In der gleichen Metallindustrie können Montageschweißer, die auf Außenbaustellen arbeiten, ihren Job kaum länger als bis Vierzig ausüben. Danach sind sie für bestimmte Handhabungen regelrecht körperlich verbraucht.

Verzichtet man bei Vergleichen auf die Berücksichtigung der Qualifikation, wird die Situation völlig unübersichtlich. Dann können selbst scheinbar selbstverständliche Vorzüge Jüngerer beim Umgang mit der Informationstechnologie gegenstandslos werden. SMS schreiben und im Internet surfen sind heute kein Privileg der Jugend mehr. Und nicht wenige Ausbildungsbetriebe klagen darüber, dass die Bewerber um Lehrstellen neben Defiziten in den grundlegenden Kulturtechniken auch nur sehr unzureichende Fähigkeiten beim heute selbstverständlichen Umgang mit dem PC haben. Demgegenüber ist für viele fünfzigjährige Fach- und Führungskräfte die tägliche Nutzung von PC und Internet ganz selbstverständlich. Ich kenne viele Ältere, denen es durchaus Freude macht, ständig die neuesten Trends in der Computerbranche und der Welt des Internet frühzeitig aufzugreifen.

Noch ein weiterer Betrachtungsaspekt sollte Beachtung finden. Die Ergebnisse von Vergleichen zwischen Jüngeren und Älteren hängen selbst innerhalb des gleichen Tätigkeitsfeldes sehr stark davon ab, welche Situationen man betrachtet. Stresssituationen mit einfachen Entscheidungen erfordern andere Fähigkeiten als komplexe Situationen. In der einen Situation muss man sofort reagieren, in der anderen gilt es, eine langfristig wirksame Strategie zu entwickeln. Früher schon erlebte und dadurch bekannte Situationen unterscheiden sich in den Anforderungen von neuen Situationen mit innovativem Charakter. Einmal existieren Handlungsroutinen, das andere Mal müssen neue Ideen her. Die Aufzählung könnte man fortsetzen. Egal, wie man auch herangeht: Entgegen dem ersten Eindruck gibt es keine allumfassenden einfachen Zusammenhänge zwischen Alter und Leistungsfähigkeit, welche der differenzierten Betrachtung standhalten.

Schlussfolgerungen aus der eigenen Biografie

Betreiben wir die Suche nach eindeutigen Zusammenhängen noch aus einem anderen Blickwinkel. Diesmal ist es die eigene Biografie, die Hinweise zum Zusammenhang zwischen Alter und Leistungsvermögen liefern soll. Naturgemäß können hier Ältere mehr aufbieten als Jüngere. In den vielen Jahren des Privat- und Berufslebens haben sich mannigfaltige Erfahrungen angesammelt, die verglichen werden können. Die erste Antwort auf die Frage, wann war ich leistungsfähiger, kommt ähnlich schnell wie die beim Vergleich zwischen Jung und Alt. Vermutlich glauben die meisten, dass sie früher leistungsfähiger waren. Oder dass ihnen früher die Arbeit zumindest leichter gefallen ist, was nicht ganz dasselbe ist.

Früher, so die Erinnerung, war ich körperlich belastbarer, das Lernen viel leichter, neue Arbeitsaufgaben haben mir weniger Probleme bereitet usw. Stimmt das wirklich? Und ist heute deswegen die eigene Leistungsfähigkeit wirklich geringer? Oder ließen einem früher manche Arbeitsaufgaben einfach mehr Zeit für ihre Erledigung? Sicher, Treppen steigen fällt mit 25 normalerweise leichter als mit 50. Und das Durcharbeiten ganzer Nächte in Stresssituationen gehört nicht unbedingt zur Lieblingsbeschäftigung älterer Erwerbstätiger. Auch können Krankheiten starke Einschränkungen der geistigen und körperlichen Fitness zur Folge haben. Trotzdem führt die Betrachtung der Vergangenheit allein leicht auf den Holzweg. Denn nicht nur die Leistungsfähigkeit der Älteren hat sich mit den Jahren verändert. Noch viel dramatischer sind die Umbrüche in den Anforderungen des Arbeitslebens. Ist es vielleicht in Wirklichkeit so, dass durch Arbeitsverdichtung, beschleunigten Wandel, Auflösung von bisher normalen Sicherheiten und permanenten Turbulenzen ohne klar erkennbare Ursache, geschweige denn mit eindeutiger Entwicklungsrichtung, die Anforderungen im Arbeitsleben dramatisch gestiegen sind? Erleben wir eine permanente Arbeitsverdichtung durch stetige Personalreduzierung trotz immer umfangreicherer Arbeitsaufgaben? Die meisten Erwerbstätigen mit längerer Arbeitspraxis werden diese Fragen wohl bejahen. Von da bis zu der Erkenntnis, dass die qualitativen Anforderungen an den Einzelnen steigen, die Komplexität der Arbeitswelt zunimmt und der Termindruck größer wird, ist es dann nicht mehr weit.

Es ist nicht so einfach, die obigen Feststellungen zu beweisen. Voraussetzung wären vergleichbare Daten aus Vergangenheit und Gegenwart. Aber vielleicht ist die zunehmende Anzahl psychischer Erkrankungen ein Hinweis darauf, wie der psychische Druck in der Arbeit uns zunehmend krank macht. Früher waren vor allem Arbeitslose und ältere Menschen betroffen. Heute greifen Depressionen und Angststörungen in der arbeitenden Bevölkerung um sich. Wie Elke Pickartz in der ZEIT vom März 2006 berichtete, kam eine Studie der DAK zu dem Ergebnis, dass zwischen 1997 und 2004 die Zahl der seelischen Erkrankungen am Arbeitsplatz um 70 Prozent zunahm. Im gleichen Zeitraum schnellte die Zahl psychisch bedingter Fehlzeiten um zwei Drittel in die Höhe. Und zwar entgegen dem Trend rückläufiger Krankenstände. Diese seelisch bedingten Produktionseinbußen, Ausfalltage und erhöhte Fluktuation belasten die deutsche Wirtschaft mit jährlich 80 bis 100 Milliarden Euro. In den 15 alten EU-Staaten verschlingen Krankheitskosten aus Stress und seelischer Belastung jährlich 265 Milliarden Euro oder drei bis vier Prozent des Bruttoinlandsprodukts. In Deutschland stehen Seelenleiden als Ursache für Frühverrentung an erster Stelle.

Die Suche nach Vergleichsmöglichkeiten in der eigenen Biografie muss noch einen anderen Gesichtspunkt berücksichtigen. Wie Psychologen nachgewiesen haben, neigen wir dazu, die Vergangenheit aus der Rückschau schöner zu empfinden, als sie wirklich war. Vermutlich gilt das auch für die Erinnerungen, wie leicht uns früher die Arbeit gefallen ist, weil wir jünger waren. Persönliche Überlegungen zu konkreten Bewährungssituationen, den seinerzeit vorhandenen und den fehlenden Fähigkeiten führen möglicherweise zu dem Ergebnis, dass damals manches leichter und manches schwerer gefallen ist. Mancher mag sogar feststellen: „Ja, wenn ich damals schon gekonnt hätte, was ich heute kann." Bei genauerer Überlegung finden viele auch in der eigenen Biografie Indizien dafür, dass parallel zum Abbau von Fähigkeiten neue Fähigkeiten entstanden sind, die vieles ausgleichen, manches sogar überkompensieren: Indizien, die scheinbar fest gefügte und unverrückbare Schlussfolgerungen zum Zusammenhang zwischen Alter und beruflicher Leistungsfähigkeit stark relativieren.

Mit allen diesen Überlegungen bleiben wir aber bei persönlichen Vermutungen und Schlussfolgerungen. Mit ihrer Hilfe kann man zwar für sich selbst manches Vorurteil erschüttern. Doch als Beweis reichen sie nicht aus. Da müssen schon andere Argumente her, die im Kreuzfeuer der kritischen Diskussion bestehen. Liefern kann solche Argumente vorzugsweise die Wissenschaft. Allerdings nur dann, wenn man auf wirklich aktuelle Forschungsergebnisse zurückgreift. Ansonsten ist zumindest auf den ersten Blick auch die Position der Wissenschaft nicht ganz eindeutig. Diese hat nämlich in der Vergangenheit ein Modell entwickelt, welches genau zu den Vorurteilen passt. Es trägt die Bezeichnung „Defizitmodell".

Das Defizitmodell – Bestätigung für weitverbreitete Vorurteile

Leider ist es wirklich so: Speziell in der Welt der Unternehmen bzw. der Arbeitswelt wird nahezu ungehemmt ein Zusammenhang zwischen zunehmendem Alter und abnehmender Leistungsfähigkeit hergestellt. Uta Lehr, Professorin für Psychologie und Gerontologie, hat viele wissenschaftliche Studien ausgewertet, in denen das Image älterer Mitarbeiter erfasst wurde. Das Ergebnis ist ziemlich bedrückend.

In den Unternehmen geht man von einer Leistungsminderung und von sinkender Arbeitsproduktivität aus. Ein Rückgang der intellektuellen Fähigkeiten wird als ebenso selbstverständlich angesehen wie ein Rückgang der Körperkräfte. Die abgeleiteten Folgen sind erhöhte Fehlzeiten, geringere Mobilität und erschwerte Anpassungsfähigkeit. Erwartet werden eine geringere Bereitschaft zur Weiterbildung, geringeres Selbstvertrauen und vor allem eine fehlende Innovationsfähigkeit.[47] Mit anderen Worten: Alle Vorurteile, die wir bei der aus dem Bauch heraus erfolgten Selbstanalyse genannt haben, fanden die Wissenschaftler auch in den Unternehmen. Sinnigerweise sind diejenigen, die darüber Auskunft geben, selbst oft jenseits der Fünfzig. Wie überlebende Dinosaurier urteilen die in den oberen Leitungsfunktionen verbliebenen Führungskräfte über ihre Altersgenossen. Sie urteilen aber nicht nur, sondern handeln auch nach diesen Maximen. Sie handeln, indem sie Ältere nur unzureichend bei der Weiterbildung berücksichtigen und sie als Erste feuern, wann immer eine Möglichkeit für den sogenannten sozialverträglichen Personalabbau durch Vorruhestand und ähnliche Verfahren besteht. Allerdings muss man anmerken, dass die negativen Vorurteile bei jüngeren Führungskräften noch stärker ausgeprägt sind und konkrete Erfahrungen mit älteren Arbeitnehmern das negative Altersbild verblassen lassen.

Doch was steckt hinter diesem negativen Altersbild in den Unternehmen? Es kann doch nicht sein, dass ganze Stäbe von erfahrenen Führungskräften und speziell auch von hochqualifizierten Personalverantwortlichen einem in keiner Weise fundierten Leitbild folgen, nur weil es als eine Art Mythos in unserer Gesellschaft fest verwurzelt ist. Tatsächlich findet man bei genauerer Analyse eine noch immer weitverbreitete theoretische Basis. Die in vielen Unternehmen gängige Einschätzung, dass die Leistungsfähigkeit und damit auch die Beschäftigungsfähigkeit (Employability) mit steigendem Alter abnimmt, beruht auf dem sogenannten Defizitmodell.[48] Wenn ich sage „es beruht" heißt das nicht, dass jeder Personalverantwortliche das Defizitmodell wirklich kennt. Noch weniger wahrscheinlich ist, dass er oder sie sich öffentlich dazu bekennen. Nein, das Defizitmodell steckt tief in den Köpfen und entfaltet dort meist unbewusst seine Wirkung.

Das Defizitmodell hat folgende Kernbestandteile, die uns alle sehr bekannt vorkommen: Mit zunehmendem Alter kommt es zu einer Verringerung von Leistung, Lernfähigkeit und Interesse an modernen Entwicklungen. Diese die Leistung mindernden Entwicklungsprozesse werden begleitet durch die Verstärkung des Wunschs nach Rückzug und Alleinsein. Und das alles kulminiert in steigender Krankheitsanfälligkeit und Unfallgefährdung.[49] Die große Verbreitung des Defizitmodells kann in keiner Weise aus seiner wissenschaftlichen Qualität abgeleitet werden. Im Gegenteil, nicht erst seit heute widerspricht es gerontologischen, psychologischen und pädagogischen Untersuchungen.[50] So wird es von der Fachwelt auch immer wieder kritisiert und gilt wissenschaftlich gesehen schon seit Anfang der 1990er Jahre als widerlegt.

Für seine Protagonisten, die sich bewusst oder unbewusst darauf berufen, hat es aber einen unschätzbaren Vorteil. Es bedient gleichermaßen den Zeitgeist und die persönlichen Vorurteile. Wer es anwendet, fügt sich in den Mainstream der Nutzung (oder besser Verschleuderung) von Humanressourcen ein. Was stört es da, wenn die Grundannahmen des Modells auf sehr wackligen Füßen stehen? Angesichts des ungeheuren Drucks, unter dem viele Manager stehen, ermöglicht es schnelle und in sich widerspruchsfreie Entscheidungen. Nimm im Zweifelsfall den Jüngeren, dann machst du nichts verkehrt, so könnte die Prämisse der Personalchefs lauten.

Mit dem Defizitmodell verbindet sich noch eine weitere, zumindest teilweise überholte Theorie. Es ist die Abnutzungshypothese. Nach dieser wird die Ressource Mensch im Verlauf seines Berufslebens verbraucht. Leider stimmt das sogar in vielen Fällen. Nicht ohne Grund spricht man von Arbeitsplätzen mit begrenzter Tätigkeitsdauer. Von denen gibt es gar nicht so wenige. Charakteristisch für sie ist, dass der Arbeitsprozess tatsächlich zu Verschleißerscheinungen, z. B. am Skelett oder an den Augen, führt. Arbeiten über Kopf an Montageplätzen sind typische Beispiele mit massiven Folgen für Muskulatur und Knochen. Dort Beschäftigte haben bei unveränderten Arbeitsbedingungen und -belastungen eigentlich gar keine Chance, auf ihrem Arbeitsplatz alt zu werden. Zu finden sind diese Arbeitsplätze eher in körperlich intensiven Tätigkeitsbereichen. Schaut man sich die oben erwähnte Zunahme psychischer Erkrankungen und die damit verbundenen Verrentungsprozesse an, könnte man fast annehmen, dass auch in anderen Bereichen solche Arbeitsplätze auf dem Vormarsch sind. Wie wir im letzten Kapitel gesehen haben, ist das aber kein Naturgesetz. Es gibt durchaus Möglichkeiten, Humanressourcen nachhaltig zu entwickeln. Letztlich werden die Arbeitsbedingungen von Menschen „gemacht" und entstehen nicht naturwüchsig. Im Büro, wo mancher Chef der eigentlich krank machende Faktor ist, wird das jeder einsehen. Aber auch bei Arbeitsplätzen mit schwerer körperlicher Arbeit sind viele Belastungen vermeidbar. Dann schwindet auch die Zugkraft des sogenannten „sozialfürsorgerischen Modells" für den Umgang mit Älteren, das als Schlussfolgerung aus der Abnutzungshypothese abgeleitet wurde. Nach diesem Modell folgen dem „unvermeidlichen" Verschleiß während des Arbeitslebens die Phase des Schonens, die Vorruhestandsregelung oder spezielle Fördermodelle. Entsorgen anstelle von Entwickeln lautet die Devise.[51]

Möglicherweise sind Defizitmodell und Abnutzungshypothese ja nur geronnener und wissenschaftlich verbrämter Ausdruck des Jugendkults in unserer Gesellschaft. Auf jeden Fall bedienen sie alle damit zusammenhängenden Vorurteile. Und sie hinterlassen tiefgehende Spuren in der Personalpolitik der Unternehmen. Falls – wie häufig behauptet – heute wirklich über 60 Prozent der deutschen Unternehmen keine Mitarbeiterinnen und Mitarbeiter über fünfzig Jahren beschäftigen[52], so findet sich hier eine Ursache. Im Tagesgeschäft der Unternehmen kann man die Folgen weiter studieren. Die größte Wirkung hat wahrscheinlich das Verhalten der Unternehmen bei Neueinstellungen. Ältere haben hier kaum eine Chance. Wer zu den Älteren zählt, differiert wieder nach Branchen und Betriebsgrößen. In manchen Branchen beginnen die Älteren bereits bei vierzig Jahren. Da fällt einem der Leitspruch der Rock 'n' Roller aus den Sechzigerjahren ein: „Too old to rock and roll – too young to die" hieß damals die Devise. Bewerben sich Menschen, die nach den ungeschriebenen Spielregeln einer Branche als zu alt gelten, um einen Job, fallen sie normalerweise sofort aus der Auswahl. Weder Können noch Berufserfahrung spielen eine nennenswerte Rolle. Sie werden einfach nicht zur Kenntnis genommen. Das geht so lange, wie genügend jüngere Bewerber im Idealalter zur Verfügung stehen.

Da, wie im ersten Kapitel dargestellt, die demografische Entlastung des Arbeitsmarktes noch einige Zeit braucht, wird das wohl noch eine Weile so bleiben. Es sei denn, es gelingt, den Unternehmen klarzumachen, dass weder bei den jüngeren noch bei den älteren Mitarbeitern allein das Optimum liegt. Manche Unternehmen haben das für spezielle Fälle sogar schon begriffen. Ein Beispiel ist BMW. Für das neue Werk in Leipzig wurde bewusst eine Mannschaft zusammengestellt, zu der Jüngere und Ältere gehören. Die Alternative wäre eine „olympiareife" junge Mannschaft gewesen, die dann gemeinsam altert. So bekamen viele Ältere zu ihrer eigenen Überraschung einen Job, mit dem sie nie gerechnet hatten. Wie tief verwurzelt der Glaube in den Köpfen der Menschen ist, nur Jüngere hätten eine reale Chance auf die begehrten Arbeitsplätze, zeigt ein fast schon kurioser Umstand. In einer Region mit Höchstwerten bei älteren Arbeitslosen musste BMW die Älteren gezielt aufrufen, sich zu bewerben. Ohne diese Aufrufe hätten nicht genug Bewerbungen vorgelegen, um geeignete ältere Mitarbeiterinnen und Mitarbeiter auszuwählen.

Probleme bei der Suche nach einem neuen Job, insbesondere nach Entlassungen, sind es denn auch, welche den Anteil Älterer an den Langzeitarbeitslosen auf traurige Höchststände klettern lassen. Wer erst mal raus ist, hat ab einem gewissen Alter größte Probleme, wieder in die Arbeitswelt hineinzukommen. Das ist an sich nicht neu. Es nimmt aber heute neue Dimensionen an. Schlicht und einfach deswegen, weil die Arbeitswelt viel dynamischer geworden ist. Lebenslange Beschäftigung ist eher die Ausnahme. Befristete Beschäftigungen, aber auch Entlassungen gehören zur Normalität. An sich trifft das alle Altersgruppen. Mit einem Unterschied: Die Älteren haben es viel schwerer, wieder einen guten Job zu finden. Daran wird auch ein konjunktureller Aufschwung allein nichts ändern.

Eine weitere Folge der impliziten Verankerung des Defizitmodells ist ihre vordergründige Berücksichtigung bei Entlassung, soweit das die Gesetze zulassen. Da ist das Verhalten vieler Unternehmen durch Gegensätze geprägt. Eigentlich schätzen ja viele Führungskräfte die Leistungsfähigkeit ihrer älteren Mitarbeiter.[53] Wie eine Befragung von Unternehmen der Region Nürnberg im Jahr 2003 ergab, entsprechen viele Eigenschaften und Kompetenzen Älterer den Anforderungen an modernen Arbeitsplätze. Das betrifft insbesondere die Schlüsselqualifikationen.[54] Etwa 70 Prozent der befragten Unternehmen gaben an, dass ihre älteren Mitarbeiter auf Arbeitsplätzen tätig sind, die Selbständigkeit und Verantwortung erfordern.

Dennoch ist es fast Standard, zunächst bei den Älteren nach Entlassungsmöglichkeiten zu schielen, wenn Personalabbau droht. Primäre Ursache war und ist natürlich die bequeme Möglichkeit, durch Vorruhestandsregelungen einen Großteil der Kosten auf die Sozialkassen abzuwälzen. Doch das allein reicht noch nicht. Es gibt noch eine weitere Triebkraft, die wieder mit dem Defizitmodell zusammenhängt. Aus diesem wird nämlich abgeleitet, dass die Älteren geringere Entwicklungspotenziale haben. Sie lernen langsamer, Innovationen gegenüber sind sie kritisch eingestellt usw. Und – so die Befürchtung – dieser Prozess könnte sich verschärfen. Nicht heute fehlt es ihnen an Leistungsfähigkeit, sondern vielleicht morgen. Dann schon lieber den Schnitt vollziehen, solange sich die Mitarbeiter auf dem

Gipfel ihrer Leistungsfähigkeit befinden. Ganz nebenbei kann man durch Bevorzugung der Jungen bei Neueinstellungen auch noch den Altersdurchschnitt der Belegschaft absenken.

Und, darüber spricht man natürlich nicht, man wird auf elegante Weise Kritiker und Nörgler los, die sich nicht so schnell einschüchtern lassen. Schließlich fällt es meist leichter, einen Dreißigjährigen zu disziplinieren, der am Anfang seiner Karriere steht und dem man noch die ganze Welt versprechen kann, als einen Fünfzigjährigen, der vieles schon erlebt hat. Interessanterweise habe ich kaum jemals von Unternehmen gehört, die ihren Altersdurchschnitt als zu niedrig angeben, obwohl auch daraus Produktivitätsnachteile entstehen können. Im Gegenteil, eine junge Belegschaft gilt als Zeichen für ein Höchstmaß an Innovationsfähigkeit und Zukunftsfähigkeit. Demgegenüber gelten Unternehmen mit einem hohen Altersdurchschnitt als hochgradig gefährdet. Ihnen, so die landläufige Meinung, wird über kurz oder lang die Luft ausgehen, weil sie Probleme beim Ersatz ausscheidender Mitarbeiter haben und die nötige Kreativität fehlt.

Welche Folgen verbinden sich in den Unternehmen noch mit dem Defizitmodell? Dick zu unterstreichen ist die oft beklagte Ausgrenzung der Älteren bei der beruflichen Weiterbildung. Ältere sind in vielen Unternehmen bei der Weiterbildung unterrepräsentiert. Dem Berichtssystem Weiterbildung kann man entnehmen, dass 2003 nur knapp jeder dritte 50- bis 64-Jährige an Lehrgängen und Kursen teilgenommen hat. Bei den jüngeren Jahrgängen betrug die Teilnahmequote immerhin 46 Prozent.[55] So ganz eindeutig ist dieser Befund allerdings nicht, denn noch stärker als das Alter wirkt die Qualifikation auf die Weiterbildungsbeteiligung. Zwischen Qualifikation und Weiterbildungsbeteiligung gibt es eine direkte Kopplung.[56]

Wie soll es mit der Weiterbildung Älterer weitergehen? Nach der repräsentativen Weiterbildungserhebung des Instituts der deutschen Wirtschaft 2005[57] wollen ein Viertel der befragten Unternehmen zukünftig verstärkt Ältere und gering Qualifizierte weiterbilden. Ein Drittel der Unternehmen ist da anderer Meinung und verneint die Notwendigkeit, hier aktiv zu werden. Auch hier lohnt sich die Frage nach dem Warum. Die Antworten sind vielschichtig. Da ist zunächst die reine Nutzenabwägung zu nennen. Ist die Verbleibszeit bis zur

Verrentung gering, rechnet sich die Weiterbildung aus Sicht der Unternehmen scheinbar nicht.

Ein zweiter Grund für die Ausgrenzung liegt in der Einschätzung, dass die Älteren für die Zukunft des Unternehmens von geringerer Bedeutung sind. Und schließlich mag manchmal auch eine Rolle spielen, dass manche Älteren selbst nicht übermäßig motiviert sind, sich den Anstrengungen von Weiterbildung auszusetzen. Für die paar Jahre reicht mein Wissen schon noch, mag mancher denken! Spätestens, wenn neue Aufgaben anstehen oder gar der Arbeitsplatz verloren geht, ist das eine kapitale Fehleinschätzung. Weiterbildungsabstinenz wird dann zum Karriere-, möglicherweise sogar zum Jobkiller.

Nicht unmittelbar auf das Defizitmodell zurückführen lässt sich eine weitere in Unternehmen zu beobachtende Verhaltensweise. Nicht weniger kritisch als Weiterbildungsabstinenz ist für die Beschäftigungsfähigkeit die bereits erwähnte fehlende Lernhaltigkeit von Arbeitsplätzen. Jahrelang die gleiche Arbeit zu verrichten, mag bequem sein. Man lernt aber nichts dazu. Und noch viel schlimmer: Fähigkeit und Bereitschaft zu lernen gehen verloren. Neue Anforderungen zu meistern, fordert dann nicht nur ein radikales Umdenken und die Bereitschaft, die vertraute Nische zu verlassen. Auch die Fähigkeit zu lernen, muss mühsam reaktiviert werden. Im Alter von 50 und mehr Jahren ist dies keine leichte Aufgabe.

Ergebnisse wissenschaftlicher Studien zur Leistungsfähigkeit Älterer

Bei der Beantwortung der Frage, wie die Leistungsfähigkeit Älterer im Erwerbsleben zu beurteilen ist, sind wir bisher nicht richtig vorangekommen. Dem Augenschein und der weitverbreiteten Meinung dürfen wir nicht trauen. Defizitmodell und Abnutzungshypothese, welche so eingängige Begründungen liefern, sind wissenschaftlich nicht tragfähig. Wie soll man denn dann an diese Frage herangehen? Die Antwort ist nicht schwer. Holen wir uns Rat bei aktuellen Forschungsergebnissen der Wissenschaft. Nicht bei solchen, die zu unseren Vorurteilen passen. Nein, bei solchen, die auf wirklich tragfähigen Vergleichen beruhen. Dabei gibt es allerdings ein Problem. Es gibt

Hunderte von Studien, die aus ganz unterschiedlichen Intensionen heraus durchgeführt wurden. Eine Einzelne von ihnen ist für unseren Zweck fast so wenig aussagefähig wie das persönliche Erleben oder die Analyse der eigenen Biografie.

Also machen wir es uns leicht und bedienen uns bei denen, die viele Studien vergleichend analysiert haben. Und plötzlich wird das Bild etwas klarer: Zum Beispiel stellt Michael Lindemann fest, dass über hundert empirische Untersuchungen zur Leistungsfähigkeit älterer Arbeitnehmerinnen und Arbeitnehmer belegen, dass kein signifikanter Unterschied zwischen den Arbeitsergebnissen Älterer und Jüngerer besteht. Das gilt, so sagt er, nicht nur für Büroangestellte und Führungskräfte, sondern auch für Fließbandarbeiter und Briefsortierer.[58] Wenn mit steigendem Lebensalter Unterschiede in der beruflichen Einsetzbarkeit auftreten, ergeben sich diese, so Lindemann, nicht vordergründig aus dem natürlichen Prozess des Alterns. Sie entstehen aus dem Verlauf des Berufslebens. Chronische Krankheiten, fehlende Weiterbildung, einseitige Belastungen und vor allem langjährige Tätigkeit am gleichen Arbeitsplatz, der nicht zum Mitdenken und Lernen anregt, sind die wahren Ursachen.

Zu einem etwas differenzierteren Ergebnis kommt das Institut für Wirtschaftsforschung Halle. Nach seinen Forschungsergebnissen ist mit zunehmendem Alter zumindest ein schwacher Rückgang der Produktivität – auf betrieblicher wie auf individueller Ebene – nachweisbar. Differenziert nach Erwerbstätigengruppen (Angestellte, Arbeiter, Selbstständige) scheint bei Letzteren der Produktivitätszuwachs über das gesamte Erwerbsleben hinweg anzuhalten. Arbeiter dagegen erreichen ihr Leistungsmaximum mit etwa 37 Jahren. Damit liegen sie deutlich unter dem von Angestellten, welche ihre Leistungsspitze im Alter von 45 Jahren erreichen. Diese Befunde – so die Ergänzung – sprechen dafür, dass dämpfende Alterungseffekte vornehmlich bei körperlich fordernden Tätigkeiten (Arbeiter) zu finden sind, während der Gewinn „weicher" Kompetenzen mit steigendem Alter bei geistig-administrativen und dispositiven Tätigkeiten (Angestellte, Selbstständige) positive Auswirkungen hat.[59] In vielen Fällen bewirken die im Arbeitsleben gesammelten Erfahrungen offensichtlich einen Ausgleich für den Verlust von physischer oder psychischer Kraft.

Auch die Erfassung und Bewertung des beruflichen Erfolges jüngerer und älterer Mitarbeiter zeigt, dass keine signifikante Altersabhängigkeit zu finden ist. Wenn dennoch Jüngere als leistungsfähiger eingeschätzt werden, dann liegt das nicht an den erzielten Arbeitsergebnissen, sondern an der Gleichsetzung: Jung gleich aktuelles Wissen und Innovationsfähigkeit; Alt gleich veraltetes Wissen und Erfahrung. Diese Gleichsetzung wird durch die bereits erwähnten Besonderheiten des deutschen Bildungssystems als Zeugnisgesellschaft[60] noch verstärkt. Hier rächt es sich, dass wir bisher keine allgemein praktizierte und akzeptierte Methode haben, um während des lebenslangen Lernprozesses erworbenes Wissen und Können zu zertifizieren. Zertifikate von Weiterbildungseinrichtungen verschiedenster Art können die Lücke nicht füllen. Bleibt zu hoffen, dass europäische Initiativen auf diesem Gebiet in Deutschland Erfolg haben.

Eines will ich nochmals betonen: Vergleichbare Arbeitsergebnisse bedeuten in keiner Weise, dass die Fähigkeiten Jüngerer und Älterer gleichwertig sind. Da gibt es sehr wohl Unterschiede, die sich auch aus dem Alterungsprozess ableiten lassen. Ursula Lehr hat sie zusammengefasst und kommt zu folgenden Ergebnissen: Bei den Körperkräften ist der Unterschied zwischen Jung und Alt am größten. Ein Rückgang von 30 Prozent ist real. Da die Muskelkraft aber im Arbeitsleben ohnehin nur zu 40 bis 50 Prozent beansprucht wird, ist die verbleibende Kraft für die meisten Aufgaben durchaus ausreichend. Außerdem leben wir bekanntlich in der Wissensgesellschaft, in der körperliche Tätigkeiten zunehmend durch geistige ersetzt werden. Bei der psychischen Leistungsfähigkeit lassen sich kaum Unterschiede finden, die Bedeutung für die Arbeitsergebnisse haben. Gleiches gilt für die Lernfähigkeit und die psychomotorischen Fähigkeiten. Sie alle streuen innerhalb einer Altersgruppe viel stärker als zwischen den Altersgruppen. Ausbildungsstand, Arbeitserfahrungen und Motivationsstrukturen sind wichtiger als das Alter.

In einigen Bereichen haben Ältere sogar Vorteile gegenüber den Jüngeren. Viele Ältere verfügen über eine gewisse Leichtigkeit beim Umgang mit komplexen Sachverhalten und größeren Gesamtkonzepten. Das zahlt sich aus beim Umgang mit komplexen organisatorischen Modellen und weiter reichenden Zeitplanungen. Sie sind insofern gelassener, als sie in potenziell belastenden Situationen eine geringere Eigenbetroffenheit zeigen und eine höhere Toleranz gegenüber alternativen Handlungsstilen aufweisen. Da sie ihre Möglichkeiten und Grenzen meist gut einschätzen können, entwickeln sie eine ausgeprägte Entscheidungs- und Handlungsökonomie. Was Junge erst erproben müssen, kennen sie schon aus vergleichbaren Situationen. Das alles verbindet sich mit einem ausgeprägten Sinn für das Machbare, der allerdings nicht immer nur ein Vorteil ist. Er kann auch zur Innovationsbremse beim Verlassen der bekannten Wege werden.

Allerdings gilt: So unsinnig der Jugendkult unserer Gesellschaft ist, so falsch – ja sogar kontraproduktiv – wäre es, einseitig die Vorzüge der Älteren zu betonen.

Die Folgen des Alterns zu verschweigen, macht mit Recht misstrauisch. Mit zunehmendem Alter nehmen nicht nur die Körperkräfte ab, auch psychische Fähigkeiten verändern sich. Widerstandsfähigkeit bei hoher psychischer Dauerbelastung, Kurzzeitgedächtnis und Risikobereitschaft gehen zurück. Jüngere Beschäftigte haben zumeist bessere sensomotorische Fähigkeiten, ein höheres Leistungstempo, eine raschere Auffassungsgabe und kürzere Entscheidungszeiten.[61] Allgemeinwissen, Aufmerksamkeit, Konzentrations- und Merkfähigkeit bleiben gleich. Ausdrucksvermögen, Selbstständigkeit, soziale Kompetenz, Verantwortungsbewusstsein und Ausgeglichenheit können mit zunehmendem Alter sogar zunehmen

Vieles ist im Fluss, wobei negative und positive Entwicklungen zusammenwirken. Am Ende kommt man wieder zu der mehrfach getroffenen Feststellung: In vielen Berufen ist nicht das Alter entscheidend für Leistungsfähigkeit und Arbeitsergebnisse. Viel wichtiger sind die Bedingungen des Berufslebens. Durch lernfördernde Arbeitsplätze und kontinuierliche Weiterbildung – so die Ergebnisse vielfältiger Studien – ließe sich beim größten Teil der älteren Arbeitnehmer die berufliche Leistungsfähigkeit in vollem Umfang erhalten.[62] Kommt dann auch noch aktive Gesundheitsförderung in den Betrieben hinzu, verbinden sich Vermeidung von unnötigem Verschleiß, Potenzialerhalt und Kompetenzentwicklung zu einer erfolgversprechenden Symbiose.

Es soll nochmals nachdrücklich davor gewarnt werden, Jung und Alt einfach gleichzusetzen. Unterschiede gibt es nicht nur in der Leistungsfähigkeit, sondern auch in der Lebenseinstellung, was sich durchaus auch im Beruf auswirkt. Ältere neigen stärker dazu, den Status quo zu wahren, während Jüngere normalerweise offener sind für Veränderungen. Deutlich wird das z. B. an der Beantwortung der Frage, was man persönlich unter Freiheit versteht. In einer Studie mit dem Titel „Der Wert der Freiheit" messen jüngere Menschen der „Möglichkeit, zu tun was einem gefällt oder leben zu können, wie man will", einen viel größeren Stellenwert zu als Ältere. Diese assoziieren mit dem Begriff Freiheit in stärkerem Maße frei zu sein von sozialer Not, Armut und Arbeitslosigkeit. In derselben Studie wird allerdings auch betont, dass der seit 30 Jahren anhaltende Wertewandel in der deutschen Bevölkerung anscheinend zum Ende gekommen ist. Während sich frühere Generationen bei der Einschätzung solcher Bereiche wie Moralvorstellung, Religion, Sexualität und Politik deutlich von ihren Eltern unterschieden, geht nach neuesten Befragungen dieser Unterschied deutlich zurück.[63]

Das Kompetenzmodell

Die bisherigen Erläuterungen zur tatsächlichen Leistungsfähigkeit älterer Erwerbstätiger führen zu einem Modell, welches gewissermaßen als Gegenentwurf zum Defizitmodell betrachtet werden kann. Es wird als Kompetenzmodell bezeichnet.[64] Nach diesem Modell besitzt der ältere Mensch Kompetenzen, die sich von denen früherer Lebensabschnitte unterscheiden. Altersspezifische Beeinträchtigungen werden nicht bestritten. Ich habe sie weiter oben schon genannt. Der Unterschied zum Defizitmodell besteht in der ausdrücklichen Hervorhebung von Kompensationsmechanismen. Auch wenn die Aufmerksamkeitsenergie oder die Geschwindigkeit der Informationsverarbeitung abnehmen, führt das nicht zu einem Abbau der geistigen Funktionen. Durch Rückgriff auf Erfahrungen und Routine kann manches ebenso ausgeglichen werden wie durch Vorzüge im emotionalen Bereich. Entscheidend ist, dass die Arbeitsergebnisse nicht mit zunehmendem Alter zwangsläufig schlechter werden.

Gut erklären lässt sich das Kompetenzmodell mithilfe der aus der Psychologie kommenden Begriffe fluide und kristalline Intelligenz.[65] Zur fluiden Intelligenz gehören eine schnelle Auf-

fassung, eine schnelle Anpassung, eine hohe Wahrnehmungs-
geschwindigkeit sowie eine hohe (Kurzzeit-) Gedächtnisleistung.
Alles Fähigkeiten, die bei jungen Menschen besonders gut ausgeprägt sind. Die relativ hohe Geschwindigkeit der Informationsverarbeitung bei Jüngeren (im Vergleich zu Älteren) bildet dafür
die Basis. Kristallisierte Kompetenzen umfassen Erfahrungswissen, Sprachgewandtheit, abwägende Wahrnehmung sowie ein
stabiles Selbstkonzept. Wir finden diese Eigenschaften vor allem
bei Älteren. Jeder von uns besitzt beide Formen der Intelligenz
in unterschiedlichem Maße, wobei sich die Anteile während
des Lebens fortwährend verschieben. Bis zum Erwachsenenalter steigen beide Formen parallel an. Mit zunehmendem Alter
nimmt dann die Geschwindigkeit der Informationsverarbeitung
ab, während die kristalline Intelligenz zunimmt. Die kristalline
Intelligenz ist stark bildungs- und milieuabhängig. Daraus resul-
tieren große Unterschiede in der Leistungsfähigkeit Älterer.

In Unternehmen braucht man beides. Und zwar im Tagesgeschäft genauso wie für das Vorantreiben von Innovationen. Im
Verlauf des Arbeitslebens der einzelnen Mitarbeiter wird die fluide Intelligenz geringer, die kristalline steigt an. Unternehmen
berücksichtigen das, indem sie durch Einstellung junger Bewerber für einen stetigen Zufluss frischer fluider Intelligenz sorgen.
In Zeiten alternder Belegschaften besteht die Kunst nun darin,
beim Einzelnen wie auch im Unternehmen als Ganzes den Abbau der fluiden Intelligenz zu verzögern und gleichzeitig den
Aufbau der kristallinen zu beschleunigen. Gelingt das, ist nicht
nur der Erhalt, sondern sogar eine Steigerung der Leistungsfähigkeit möglich. Die Wege dahin habe ich bereits mehrfach
genannt: Weiterbildung, lernfördernde Arbeitsplatzgestaltung
und betriebliche Gesundheitsförderung

Warum Weiterbildung mehr ist als Erwerb von Wissen und Können

Gegenwärtig kann man beobachten, wie sich schrittweise die
Verweildauer im Arbeitsprozess verlängert und die Frühverrentung sinkt.[66] Für die Erwerbstätigen nehmen innerhalb eines
normalen Berufslebens Phasen der Arbeitslosigkeit, des internen oder externen Jobwechsels zu. Gerade internationale Kon-

zerne, aber nicht nur diese, befinden sich im ständigen Umbau. Entlassung gibt es bei Unternehmenserfolg genauso wie bei Unternehmensmisserfolg. Die schizophrene Logik der Börse gibt vor, dass die Aktien steigen, wenn Personal entlassen wird. Jeder von uns müsste sich daher im Eigeninteresse weiterbilden, um die Beschäftigungsfähigkeit (-eignung) angesichts des Wandels zu erhalten und auszubauen. Unter den Bedingungen dieses weitgehend unkalkulierbaren Strukturwandels und verstärkter Innovationsdynamik sind diejenigen langfristig privilegiert, die auf lernfördernden Arbeitsplätzen tätig sind.[67] Jeder von uns müsste das anstreben, auch wenn es nicht immer bequem ist.

Lernen oder „Nichtlernen" haben aber noch andere Konsequenzen. Sie sind auch Voraussetzung für eine selbstbestimmte Lebensgestaltung. Das gilt einmal für die Festlegung von Lebenszielen. Im mittleren Alter treten Fragen und persönliche Krisen auf, die in einer Frage kulminieren: „Wie will ich die nächsten 10 bis 25 Jahre meines Berufslebens verbringen?" Um eine Antwort zu finden, ist die Festlegung von persönlichen Entwicklungs- und Bildungszielen notwendig.[68]

Ständiges Weiterlernen ist darüber hinaus auch eine Quelle für die Erhaltung der Gesundheit im Alter. Statistisch gesehen, ist die Gesundheit eng verbunden mit dem sozialen Status, der durch den Bildungsstand beeinflusst wird.[69] Vereinfacht gesagt: Menschen mit höherem sozialen Status sind im Durchschnitt gesünder und leben länger. Der Bildungsstand ist aber nicht fix, auch wenn bestimmte Abschlüsse uns das vorgaukeln. Das beste Diplom nützt nichts, wenn es über Jahre hinweg nicht in einer adäquaten Tätigkeit Anwendung findet. Irgendwann ist es nur noch ein Zertifikat, welches von früheren erfolgreichen Lernphasen kündet. Im Umkehrschluss ist der Erwerb neuer Qualifikationen und Abschlüsse auch im fortgeschrittenen Alter möglich. Das gilt für die Teilnahme an Weiterbildung und auch für den Erwerb höherwertiger Berufsabschlüsse.

Im deutschen Bildungssystem ist der Erwerb des Meisterabschlusses für Letzteres charakteristisch. Zwar sind die Teilnehmer an Meisterkursen meist noch relativ jung. Es gibt aber überhaupt keinen vernünftigen Grund, warum ältere Facharbeiter nicht auch nach der Meisterwürde greifen können. Noch zu wenige tun es mit Erfolg. Mit der Einführung der neuen Studienabschlüsse Bachelor und Master wird sich hoffentlich auch in Deutschland ein Trend etablieren, der z. B. in den USA schon lange ein Stück Normalität ist. Im Alter von 23 oder 25 Jahren den Bachelor zu erwerben, um dann nach einer ausgedehnten Praxisphase an die Universität mit dem Ziel des Masterabschlusses zurückzukehren, ist eine interessante Option. Sie passt nur noch nicht so recht in das deutsche Lebensphasenmodell, in dem nach Schule und Berufsausbildung die Berufstätigkeit bis zur Pension folgt.

Egal, welche Formen des Lernens man auch wählt: Die geistige Leistungsfähigkeit und die Beschäftigungsfähigkeit zu erhalten, sind wirksame Beiträge zur Gesundheitsvorsorge. Dabei spielt es durchaus eine Rolle, dass vom Bildungsstand Einflüsse auf die Lebensführung mit den Bestandteilen Ernährung, Gesundheitsvorsorge oder Verhalten im Alltag ausgehen.

Noch ein Zusammenhang sollte Beachtung finden: Die materielle Lebensqualität im Alter wird indirekt vom Bildungsstand beeinflusst. Ein geringer Bildungsstand ist oftmals gleichbedeutend mit gering bezahlten und körperlich anstrengenden Jobs, die zudem ständig durch Rationalisierung bedroht sind. In diesem Fall macht Arbeit wirklich krank und verkürzt das Leben. Wer dagegen fit ist, kann länger arbeiten und bezieht eine höhere Rente. Mit steigender Qualifikation steigt die Verweildauer im Arbeitsprozess. Vorruhestand und Frühverrentung treffen überdurchschnittlich oft die Geringqualifizierten. Von den über 55-Jährigen Hochschulabsolventen arbeiten prozentual fast doppelt so viele wie von den Geringqualifizierten.[70] Weiterbildung bzw. lebenslanges Lernen sind demzufolge auch eine aktive Form der Altersvorsorge.[71]

Eine Arbeitswelt mit Chancen für die Älteren

Was Ältere können und was sie wollen

Im letzten Kapitel wurde deutlich, dass es keinen automatischen Zusammenhang zwischen Älterwerden und beruflicher Leistungsfähigkeit gibt. Im zweiten Kapitel haben wir unter Bezug auf ernsthafte soziologische Studien, die sich bewusst von bestimmten Formen oberflächlicher Demoskopie abgrenzen, festgestellt, dass die Mehrzahl der Deutschen nach wie vor stolz ist auf ihre Arbeit. Wer aber stolz ist auf die eigene Arbeit und sich sogar für die erreichten Arbeitsergebnisse begeistert, möchte arbeiten. Im Grundsatz gilt das sicher auch für die Älteren. Auch für sie ist Arbeit mehr als bloßer Broterwerb. Arbeit ist auch verbunden mit dem Aufbau sozialer Beziehungen, der Nutzung von individuellen Entwicklungschancen und nicht zuletzt mit einer Form der Selbstbestätigung, wie sie an anderer Stelle nicht so leicht gewonnen werden kann.

Solche Begriffe wie „Vorruhestand", „Ruhestand", „Rentenalter" oder „arbeitsfähiges Alter" werden von Experten der Deutschen Gesellschaft für Personalführung als diskriminierend bezeichnet, obwohl sie für uns so selbstverständlich sind, dass im Alltag das Bewusstsein für ihre diskriminierenden Inhalte fehlt. Als Begründung wird angeführt, dass wir im sogenannten Ruhestand keineswegs ruhen und die für viele Erwerbstätige selbstverständlichen Altersschwellen von 60, 65 oder zukünftig 67 Jahren für Selbstständige, Volksvertreter, Vorstände oder Künstler keineswegs selbstverständlich sind.[72] Im letzten Kapitel haben wir gesehen, dass Ältere auch in fortgerücktem Alter noch leistungsfähig und leistungsbereit sind. Hinzu kommen die Veränderungen in der familiären Situation vieler Menschen.

Die Geburt der Kinder rückt immer weiter in die zweite Lebensphase, und das erste Kind mit 40 oder 45 ist heute schon lange keine Seltenheit mehr. Für diese Eltern ist es schwer vorstellbar, schon zehn Jahre später in den Ruhestand zu treten, um die Entwicklung ihrer Kinder aus dem Lehnstuhl heraus zu begleiten. Gerade für diese Personengruppe ist die Erwerbsarbeit eine wichtige Voraussetzung, um mit der dynamischen Entwicklung ihrer Sprösslinge mitzuhalten.

Dennoch wäre es fahrlässig, einfach zu behaupten, dass die Mehrzahl der Menschen wirklich so lange wie möglich arbeiten möchte. Nicht nur deswegen, weil eine solche Behauptung weitgehend dem persönlichen Erleben der meisten Menschen widerspricht. Auch Befragungen bestätigen das Gegenteil. In der Süddeutschen Zeitung vom Februar 2007 wird von einer Umfrage der Gesellschaft für Konsumforschung berichtet, nach der sich 73 Prozent der Befragten gegen eine Anhebung des Rentenalters auf 67 Jahre aussprachen. Als ideales Rentenalter betrachteten die Erwerbstätigen demnach 59 Jahre. Für sich selbst erwarteten sie, mit 63 Jahren in Rente zu gehen. Spätestens mit 64 Jahren sollte dann endgültig Schluss sein. Verbunden damit ist die Hoffnung, nach der Erreichung des Ruhestandes noch etwa zehn Jahre richtig zu genießen.

Wenn manche Pensionäre dennoch der Zeit voller Berufstätigkeit nachtrauern, dann genügt oft eine einfache Erinnerung, um die Nostalgie zu bremsen. Es ist die Erinnerung an die zunehmenden Anforderungen im Berufsleben, denn diese bringen Jüngere und Ältere zunehmend an den Rand ihrer Leistungsfähigkeit und testen immer wieder aufs Neue ihre maximale Belastbarkeit. Der Wunsch, etwas sinnvoll zu tun, sich einzubringen und gegebenenfalls auch weiter in der Arbeitswelt mitzumischen, kollidiert mit den Anforderungen des heutigen Arbeitslebens. In der Effizienzgesellschaft, in der wir uns gegenwärtig bewegen, wirkt massiver Druck auf die meisten Erwerbstätigen, egal, ob sie in kleinen oder großen Unternehmen arbeiten oder als Selbstständige ihren Lebensunterhalt bestreiten. Auch der öffentliche Dienst als eines der letzten Refugien einer beschaulichen Arbeitswelt gerät zunehmend unter Rationalisierungsdruck.

Gerade die Älteren haben in den letzten Jahren erlebt, wie im Zeitalter der Globalisierung eine Rationalisierungswelle die nächste ablöste. Immer mit dem Ziel, aus den Erwerbstätigen noch mehr herauszuholen. Schließlich stehen die Unternehmen ja im Wettbewerb mit Konkurrenten aus China oder Indien. Außerdem wollen die Eigentümer der Unternehmen, insbesondere die Aktionäre der großen börsennotierten Firmen, eine steigende Rendite sehen. Ihr Geld muss sich verzinsen, egal, was mit den Mitarbeitern wird. Der Druck kommt aber nicht nur von den Aktionären. Unternehmen müssen in immer dichterer Folge neue Produkte auf den Markt bringen. Jedes Jahr soll auf der Messe ein neues Produkt stehen, sonst wandern die Kunden zur billigeren Konkurrenz ab. Überhaupt werden die Kunden immer anspruchsvoller. Genügten früher fünf Besuche, um einen Auftrag zu bekommen, müssen es heute zehn sein. Und nach der Lieferung wird erwartet, dass Serviceleistungen rund um die Uhr angeboten werden. Immer für den Kunden da sein, lautet die Devise. Alle diese Entwicklungen sind den Älteren gut bekannt. Aus eigener Erfahrung wissen sie, dass ein Ende der Entwicklung nicht absehbar ist. Kann man es ihnen unter diesen Umständen verdenken, dass viele trotz aller positiven Auswirkungen einer längeren Berufstätigkeit den sicheren Ruhestand vorziehen, zumindest solange er finanziell gut gepolstert ist. Eine sinnvolle Beschäftigung kann man sich dann immer noch suchen, wenn Bedarf an Anerkennung und sozialen Kontakten besteht.

Die Zeitbeschleunigung

Die genannten Entwicklungen korrespondieren mit einem Phänomen unserer Gegenwart, das man mit der Metapher „Zeitbeschleunigung" charakterisieren kann. Das hat natürlich nichts mit physikalischen Gesetzen zu tun, auch wenn wir nach Einstein wissen, dass die Zeit keineswegs eine unabänderliche Konstante ist. Es geht vielmehr um die Beschleunigung der gefühlten Zeit. Christian Schüle hat in der ZEIT vom Dezember 2006 darüber berichtet. Wissenschaftliche Studien, so schreibt er, haben nachgewiesen, dass sich das Lebenstempo in den letzten 200 Jahren verdoppelt hat. 40 Prozent der leitenden Angestellten leiden unter Stress und vier von fünf Kindern unter Zeitdruck. Der Einsatz von Beruhigungsmitteln, Antidepressiva und Muntermachern steigt jährlich um 8 bis 10 Prozent. Das Wort Muße kommt im Wortschatz der meisten Menschen nicht mehr vor. Einfach so herumzusitzen und nichts zu tun, gilt als verlorene Zeit. Denn „Zeit ist Geld" lautet die Devise. Natürlich an erster Stelle in der Arbeitswelt. Dort hat die Beschleunigung inzwischen unmittelbaren Einfluss auf die Gesundheit der Menschen, wie wir im zweiten Kapitel festgestellt haben. Zwischen 1997 und 2004 haben die seelisch bedingten Erkrankungen am Arbeitsplatz um 70 Prozent zugenommen, hieß es in der bereits erwähnten Studie der DAK.

Für die Älteren hat es mit der Beschleunigung der gefühlten Zeit eine besondere Bewandtnis. Die individuelle Wahrnehmung der Zeit wird von sogenannten Zeitzeigern beeinflusst und gesteuert. Zeitzeiger sind das individuelle Leben in einem bestimmten biografischen Intervall prägende Ereignisse. Meist sind sie stark emotional besetzt wie z. B. das Ende der Schulzeit, die erste Liebe, herausragende Erlebnisse während der Berufsausbildung bzw. während des Studiums oder die Geburt der Kinder. Solche Erlebnisse sind in der Jugend dicht gesät, und aus der Rückschau scheint es so, als ob die Zeit damals langsamer vergangen wäre. Demgegenüber ist die Gegenwart für viele Ältere durch das Gefühl einer rasenden Zeit geprägt. Wer kennt nicht das Gefühl: Was, schon wieder eine Woche vergangen? Die Zeit wird auch deswegen als beschleunigt erlebt, weil die verbleibende Zeitspanne merklich kürzer wird.

Man möchte die verbleibende Zeit möglichst selbstbestimmt und mit positiven Ereignissen besetzt erleben. Der zunehmende Druck in der Arbeitswelt, die Fremdverfügung durch Arbeitgeber und Gesellschaft hindern daran. Es ist ein Gefühl der Ohnmacht, das Älteren und Jüngeren trotz der Notwendigkeit, selbstgesteuert zu arbeiten und zu lernen, zu schaffen macht. Jüngere haben die Hoffnung, dass das dereinst anders werde. Es verbleibt ihnen ja noch „eine fast unendliche" Zeitspanne Leben. Ältere haben diese Hoffnung kaum. Zumindest nicht, wenn es um ihre aktive Zeit im Arbeitsleben geht. Das andauernde Gefühl, nicht zu schaffen, was man will, unfrei und getrieben zu sein, wird daher viel stärker als ein Stück Beschneidung der Lebensqualität empfunden. Oder sogar als Betrug um Lebenschancen. Alles das trägt bei vielen dazu bei, bei der Entscheidung zwischen Arbeit und Ruhestand das Pendel in Richtung des gut alimentierten Ruhestandes schwingen zu lassen. Immer vorausgesetzt, sie haben überhaupt die Chance, selbst eine Entscheidung zu treffen.

Wenn diese Möglichkeit plötzlich nicht mehr besteht, obwohl wenige Jahre ältere Zeitgenossen die Chance hatten, erzeugt das nicht gerade Freude. Kommt dann sogar eine Verlängerung der aktiven Lebensarbeitszeit ins Gespräch, wie das bei der Rente mit 67 der Fall ist, verschärft sich die Situation. Zu der Sorge, ob man überhaupt in der Lage ist, den Anforderungen der Arbeitswelt in diesem Alter noch zu genügen, kommt der Ärger über die vermeintliche Ungerechtigkeit.

Die Entscheidung für den Ruhestand anstelle der vollen Ausübung beruflicher Pflichten erzeugt aus der Sicht der einzelnen Menschen eine ganz besondere Form von Wohlstand, der nicht in Euro und Cent zu messen ist. Wenn der Einzelne die Fremdverfügung durch Arbeitgeber und Gesellschaft durchbricht, erreicht er vor allem eines: Er kann wieder selbst über seine Zeit entscheiden. Diese Zeitsouveränität ist ein Stück Reichtum; Reichtum an Zeit. Nicht in erster Linie weil der Grundsatz gilt: „Zeit ist Geld". Die neu verfügbare Zeit soll ja nicht unbedingt für bezahlte Arbeit eingesetzt werden. Nein, weil Zeit überhaupt das knappste Gut in der außer Rand und Band geratenden Effizienzgesellschaft zu sein scheint. Wer gleichermaßen Zeit und ein Mindestmaß an Geld hat, kann für sich auch das von dem italienischen Philosophen Giacomo Marramao benannte „Zeitsyndrom"[73] der globalisierten Gesellschaft auflösen. Für Marramao ist es der Widerspruch zwischen der Inflation an Erwartungen und der fehlenden Zeit zu ihrer Erfüllung, der uns in der globalisierten Gesellschaft zu schaffen macht. Denn um etwas zu erfahren, zu erleben, braucht man vor allem Zeit. Die kann auch die beste Komprimierung von Erlebnissen, wie sie die Entertainment-Industrie anbietet, nicht ersetzen. Auch die Konsumgüterindustrie ist letztlich darauf angewiesen, dass der Kunde genügend Zeit hat, um all die verheißungsvollen Angebote zu kaufen und vor allem zu nutzen. Manchmal ist es aber noch viel einfacher.

Auszubrechen aus dem Erwerbsleben bedeutet für manche Menschen sogar, wieder ausreichend Gelegenheit zur Befriedigung solcher elementarer Bedürfnisse wie genügend Schlaf zu haben. Ileana Grabitz berichtet im Januar 2007 in der Welt am Sonntag, dass nach Angaben von Experten in den letzten hundert Jahren die nächtliche Schlafenszeit insgesamt um 20 Prozent abgenommen habe. Ursache ist weniger die formale Arbeitszeit, die ist im gleichen Zeitraum gesunken. Verändertes Freizeitverhalten hat natürlich nicht zu unterschätzende Auswirkungen. Was aber gegenwärtig am meisten an den Schlafreserven zehrt, sind die immer längeren Wege zur Arbeit und die Erwartungshaltung, ständig für die Firma da zu sein. Pendeln gehört zur Normalität, und die Mobilität fordert ihren Preis. Firmen rüsten ihre Mitarbeiter mit tragbaren Computern in der Hoffnung aus, dass die Arbeit nach dem Büroschluss stillschweigend fortgesetzt wird. Unbezahlte Überstunden gehören in vielen Firmen zur Normalität. Durch die Möglichkeiten der Informationstechnologien verschwinden schrittweise die früheren Trennlinien zwischen Arbeit und Freizeit. Hinzu kommen Schlafstörungen, die die Qualität der Nachtruhe beeinträchtigen. Auch hier ist nicht die Arbeitswelt allein schuld, denn auch Hausfrauen klagen über dieses Phänomen. Wenn aber etwa fünf Millionen Deutsche Einschlaf- und Durchschlafstörungen haben, dürften beruflicher Stress und Existenzangst eine nicht zu unterschätzende Rolle spielen.[74]

(Früh-)Pensionierung kontra Verbleib im Arbeitsleben

Immer weniger Menschen haben heute die Chance, selbst zu entscheiden, wie lange sie arbeiten wollen. Vorausgesetzt, man verliert nicht ganz den Job und wird arbeitslos, sprechen die Reduzierung der Möglichkeiten zur Frühverrentung auf der einen und materielle Gründe auf der anderen Seite fast immer eine handfeste Sprache. Aber selbst wenn diese fiktive Entscheidungsfreiheit bestünde, wäre es letztlich eine individuelle Abwägung, ob man die verlängerte Arbeitszeit auch annimmt oder sich eher für den (vorzeitigen) Ruhestand entscheidet. Auf der einen Seite stehen die Vor- und Nachteile weiterzuarbeiten, wie z. B. mehr Geld und volle Einbindung in den normalen Alltag bei gleichzeitiger starker Belastung. Auf der anderen Seite stehen die Vor- und Nachteile des Ruhestandes. Dazu gehören weniger Geld, die Gefahr der Ausgrenzung bei gleichzeitiger geringerer Belastung und höherer Zeitsouveränität.

Bei der Betrachtung des Ruhestandes ist eines zu beachten: Für eine erfüllte Zeit nach dem Arbeitsleben sind neben der gesundheitlichen Komponente mindestens drei Rahmenbedingungen wichtig. Da ist zunächst die schon mehrfach genannte materielle Absicherung zu nennen. Die bisher praktizierten Formen des Vorruhestandes hat sie oftmals noch ermöglicht. Geld allein reicht aber nicht für einen erfüllten Lebensabend. Fast genauso wichtig erscheint eine sinnvolle Beschäftigung. Je herausfordernder diese ist, desto mehr vermag sie an die Stelle der Arbeitswelt zu treten und einen sinnvollen Lebensinhalt zu bieten. Dritte Bedingung im Bunde ist die Gewährung gesellschaftlicher Anerkennung. An dieser Stelle unterscheiden sich beispielsweise (Vor-)Ruheständler und Erwerbslose fast so elementar wie beim Einkommen. Der Ruhestand hat den Ruf des erstrebenswerten Ergebnisses einer anspruchsvollen Arbeitszeit; Arbeitslosigkeit ist noch immer mit dem Stigma des individuellen Versagens verbunden. Das gilt insbesondere für die Empfänger von Arbeitslosengeld II, die in der öffentlichen Wahrnehmung nicht selten mit den früheren Sozialhilfeempfängern gleichgesetzt werden.

Zum Empfänger von Arbeitslosengeld II zu werden, ist für jeden ein massiver Einschnitt. Besonders hart trifft es aber Menschen, die nach vielen Jahren Arbeitsleben innerhalb von ein bis anderthalb Jahren in diese Kategorie durchgereicht werden. Gerade Angehörige der sogenannten Mittelschicht fürchten nach Jobverlust oder Zusammenbruch des mühselig aufgebauten Geschäftes innerhalb weniger Jahre alles zu verlieren, was sie in langjähriger Arbeit geschaffen haben. Unter den Bedingungen des gegenwärtigen Arbeitsmarktes, der nur die Extreme voll oder gar nicht berufstätig zu kennen scheint, ist der Absprung in den Ruhestand dann oftmals die Entscheidung für eine Sicherheit, die das Arbeitsleben nicht mehr geben kann. Daran würden auch die beste Weiterbildung und andere Maßnahmen zum Erhalt und zur Entwicklung der individuellen Arbeitsfähigkeit nichts ändern. Nicht die besten Voraussetzungen für Arbeiten bis 67.

Es scheint also notwendig, zumindest langfristig, zwischen den Faktoren länger arbeiten können, länger arbeiten dürfen, länger arbeiten müssen und länger arbeiten wollen zu unterscheiden. Die vier Faktoren müssen dabei keineswegs immer im Einklang stehen. Aus der Betrachtung der Leistungsfähigkeit Älterer ist deutlich geworden, dass die Mehrzahl individuell durchaus in der Lage ist, länger zu arbeiten. Ihr besserer Gesundheitszustand und die Abnahme körperlicher Tätigkeiten wirken hier zusammen. Ob sie dann in zwanzig oder dreißig Jahren wirklich die Bedingungen am Arbeitsmarkt vorfinden, um länger zu arbeiten, ob sie also wirklich länger arbeiten dürfen oder in die Arbeitslosigkeit abgedrängt werden, lässt sich heute nur spekulativ beantworten. Einiges spricht dafür, dass die Nachfrage nach den Älteren in diesem Zeitraum steigen wird. Im Selbstlauf wird sich die Abkehr vom Jugendwahn aber nicht vollziehen. Die Tatsache, dass wir länger arbeiten müssen, ergibt sich aus der im ersten Kapitel dargestellten demografischen Entwicklung. Inzwischen ist sie mit dem Renteneintrittsalter 67 auch in Gesetzesform gegossen. Ob uns das gefällt, ob die Mehrzahl der Menschen auch länger arbeiten will, steht auf einem anderen Blatt. Zumindest unter den gegenwärtigen Arbeitsbedingungen dürfte, wie die oben genannte Umfrage zeigt, dieser Wunsch nicht übermäßig groß sein.

Man sollte daher gar nicht erst versuchen, die Rente mit 67 schönzureden. Sie ist ein ökonomisches Erfordernis – bringt aber für viele gleichzeitig eine deutliche Einschränkung der Lebensqualität. Das gilt zumindest so lange, wie die Maßstäbe der Effizienzgesellschaft jeden Arbeitsplatz unter Druck setzen und vernünftige Alternativen verhindern. Langfristig solche Alternativen zur Gestaltung der Arbeitswelt zu finden, scheint ebenso notwendig zu sein wie der Erhalt der individuellen Leistungsfähigkeit durch Weiterbildung und lernfördernde Arbeitsplätze. Wohin die Reise gehen kann, will ich zumindest andeuten.

Eine längere Lebensarbeitszeit erfordert auch Veränderungen der Arbeitswelt

Es ist offensichtlich notwendig, neben der Entwicklung von Maßnahmen zum individuellen Potenzialerhalt auch über Formen der Arbeitsgestaltung und Arbeitsorganisation nachzudenken, in denen man im fortgerückten Alter noch arbeiten kann und vor allem auch will. Ohne solche Änderungen droht in ein oder zwei Jahrzehnten eine Arbeitswelt, in der ältere Erwerbstätige bis über die Grenze ihrer Möglichkeiten verschlissen werden. Innere Kündigung und der Versuch, alle Möglichkeiten zur Reduzierung vermeidbarer Belastungen auszunutzen, wären auf Seiten der Beschäftigten die Folge.

Bei der Suche nach Organisationsformen für die Gestaltung der Übergangszeit von der vollen Arbeitsleistung hin zur Pensionierung wird man zumindest in der Theorie schnell fündig. Genau dieses Anliegen sollte die über viele Jahre hinweg praktizierte Altersteilzeit verfolgen. Nach dem Willen des Gesetzgebers waren zwei Varianten möglich. Die erste Variante war auch durchaus sinnvoll. Ältere Arbeitnehmer sollten über mehrere Jahre hinweg die Möglichkeit erhalten, bei verkürzter Arbeitszeit und damit bei verringerter Belastung die reguläre Altersgrenze zu erreichen. Nach Möglichkeit sollte in dieser Zeit jüngerer Nachwuchs eingearbeitet werden. Für diese Variante sprachen viele Vorteile. Die Älteren konnten schrittweise einen Gang zurückschalten, ihr Wissen ging nicht verloren, und die Jungen hatten Zeit und Gelegenheit, sich einzuarbeiten. So weit die Theorie. Sie hatte nur leider einen Schönheitsfehler. Es gab noch die zweite Variante, bei der die älteren Arbeitnehmer bis zu einer vorgezogenen Altersgrenze voll arbeiteten, um dann ganz auszusteigen. Sie bedeutete nichts anderes als eine staatlich subventionierte Frühverrentung. Die erste Variante konnte dann auch in der Praxis kaum beobachtet werden. Die Unternehmen schickten anstelle dessen ganze Jahrgänge in die Frührente. Eine Chance war vertan, und es sieht auch nicht so aus, als ob sie so bald wiederkäme.

Glücklicherweise gab und gibt es dennoch immer wieder Unternehmen, die sich Gedanken machen, wie sie die Erfahrungen und Fähigkeiten der Älteren länger nutzen können. Ein erster mehrfach erprobter Weg ist der Einsatz von Führungskräften als interne Berater.[75] Diesen Weg sind z.B. schon vor Jahren solche Unternehmen wie Bosch, ABB, ALLSTOM und Bombardier Transportation (Schweiz) gegangen. Manager aus dem oberen Management der Unternehmen im Alter zwischen 60 und 65 Jahren werden in spezielle, z.T. neu gegründete Beratungsfirmen überführt und übernehmen dort neue Aufgabenfelder. Sie können ihre Arbeitsbelastung in bestimmten Grenzen selbst bestimmen und erhalten ein Gehalt, das sich aus einem fixen Anteil (entsprechend ihrer früheren Entlohnung) und zusätzlichen Vergütungen entsprechend der realisierten Beratungsleistung zusammensetzt. Die Berater akquirieren ihre Aufträge entweder selbst oder werden von den Mutterfirmen mit Aufträgen bedacht. Sie übernehmen solche Aufgaben wie Strategie- und Unternehmensplanung, Interimsmanagement, Projektleitung oder Coaching bis hin zu Repräsentationsaufgaben in Verbänden, Gremien und internationalen Organisationen. Wichtig ist ihre erhöhte Zeitsouveränität sowie die Chance, den in Linienfunktionen der Unternehmen ausufernden Druck auf Führungskräfte etwas abzumildern. Insbesondere dadurch, dass die Personalverantwortung reduziert wird und die Berater in erster Linie für ihre eigene Arbeit verantwortlich sind. Das kann, muss aber nicht zu einer Entlastung führen. Obwohl diese Modelle durchaus erfolgreich sind, bleibt ihre Anwendbarkeit dennoch beschränkt. Sie eignen sich vorzugsweise für eine kleine Gruppe von Führungskräften mit entsprechender Berufserfahrung, und auch bei der Auswahl geeigneter Unternehmen ist der Kreis begrenzt. Welcher Mittelständler kann schon eine eigene Beratungsfirma für ältere Führungskräfte gründen und die Lohndifferenz zwischen früherem Gehalt und Ertrag der Beratungsleistung über Jahre hinweg finanzieren?

Dennoch ist die Alternative Einsatz älterer Führungskräfte als Berater durchaus interessant und relativ weit verbreitet. Manche Firmen bieten ihren Mitarbeitern individuelle Beraterverträge an, ohne sie in gesonderte Beratungsunternehmen zu überführen. Die Berater stellen über einen längeren Zeitraum ihr Know-how zur Verfügung und erhalten die Möglichkeit eines gleitenden Ausstieges mit schrittweise abnehmender Belastung. Andere Firmen überführen ältere Mitarbeiter in interne Zeitarbeitsfirmen und nutzen ihre Erfahrungen sowie das breite Knowhow, um interne Kapazitätsengpässe zu überbrücken. Die älteren Mitarbeiter werden mit abwechslungsreichen Aufgaben konfrontiert, wobei nicht eindeutig klar ist, ob dieses Modell tatsächlich zu einer schrittweise abnehmenden Belastung führt. Alle diese Modelle vermögen einen punktuellen Beitrag zu leisten, um die Arbeitswelt für eine bestimmte Gruppe von Älteren erträglicher zu machen und den Übergang in den Ruhestand abzufedern. Ob sie als generelle Hilfsmittel zur Humanisierung der Arbeitswelt für Ältere geeignet sind, muss schon wegen der geringen Zahl geeigneter Mitarbeiter und Unternehmen bezweifelt werden.

Andere Modelle verfolgen das Ziel, durch spezifische Maßnahmen der Organisationsentwicklung die Arbeitsbedingungen stärker an die Fähigkeiten in den verschiedenen Lebensalterstufen anzupassen. Die Organisationsentwicklung erfolgt mit dem

Ziel, die Arbeitsbedingungen in den verschiedenen Unternehmensprozessen zu analysieren und mit den Anforderungen an die Stelleninhaber abzugleichen. Im Idealfall werden dann neue Rollenmodelle und Rollenverteilungen entwickelt, in denen die einzelnen Generationen ihre spezifischen Kompetenzen zum Einsatz bringen können, ohne überlastet zu werden. Solange diese Modelle nicht zulasten jüngerer Altersgruppen gehen, sind sie eine gute Sache. Werden dagegen die Älteren bevorteilt, ist der firmeninterne Stress vorprogrammiert. Welcher Jüngere ist schon bereit, zusätzliche Belastungen zu akzeptieren, wenn er sich selbst schon an der Grenze seiner Leistungsfähigkeit bewegt. Es gehört daher viel Intelligenz und auch ein gewisses Maß an Überzeugungsarbeit dazu, neue Rollenmodelle in Unternehmen einzuführen, die gezielt Stärken der Älteren nutzen und ihre Belastung vermindern.

Gleiches gilt für Maßnahmen der Personalentwicklung, die darauf abzielen, neue Karrieremodelle in die Unternehmen einzuführen, die spezifische Leistungspotenziale der unterschiedlichen Altersgruppen gezielt nutzen und gleichzeitig die Arbeitswelt für Ältere erträglicher machen. Schon lange ist klar, dass die vor zwanzig oder dreißig Jahren üblichen Karrierewege mit ziemlich regelmäßigen Beförderungen im Abstand von einigen Jahren zunehmend weniger greifen. Das gilt schon deshalb, weil die Unternehmen die Anzahl der Hierarchiestufen drastisch beschnitten haben. In den neuen Karrieremodellen treten horizontale Seitwärtsbewegungen an die Stelle des vertikalen Aufstiegs. Neue Herausforderungen entstehen nicht durch Übernahme einer besser dotierten Leitungsfunktion auf der nächsten Hierarchieebene, sondern durch veränderte Arbeitsaufgaben auf der gleichen Stufe. Für den einen bedeutet das, in das Ausland zu wechseln und dort eine andere Funktion zu übernehmen. Schließlich sind die Kinder groß, und man kann sich neuen Herausforderungen zuwenden. Der andere wechselt zwischen verschiedenen Projekten, wobei er mal Projektleiter, mal Mitarbeiter ist. Der dritte baut in seinen bisher gradlinig verlaufenden Weg ein Sabbatical ein, um sich neue Anregungen zu holen oder Neues zu lernen.

Diese Form der Karriereentwicklung beinhaltet für Ältere auch Chancen, ihre Belastung schrittweise zu reduzieren. Zumindest dann, wenn der Arbeitgeber mitspielt und die finanzielle Basis des Einzelnen auch Einbußen an Gehalt zulässt. So besteht zumindest theoretisch die Möglichkeit, Führungsverantwortung abzugeben oder auch die Arbeitszeit zu reduzieren. Als Abteilungsleiter hat der Einzelne z. B. kaum Alternativen, seine Tätigkeit zu entlasten. Ganz oder gar nicht lautet die Devise. Als Projektmitarbeiter erscheint es schon eher möglich, anstelle von acht bis zwölf Stunden pro Tag nur noch sechs Stunden zur Verfügung zu stehen. Wenn ein Mitarbeiter mehrere Projekte parallel bearbeitet, muss es schließlich auch gehen. Funktionieren wird das aber nur, wenn im Unternehmen und bei dem Mitarbeiter ein Prozess des Umdenkens einsetzt. Gerade die einfachsten Möglichkeiten sind oftmals am schwersten umzusetzen, weil sich mentale Barrieren auftürmen. Schon die Erkenntnis, dass es sinnvoller ist, einen Mitarbeiter mit verringerter Belastung bis 65 Jahre zu beschäftigen, als ihn bis 60 gnadenlos zu belasten und dann durch einen Jüngeren zu ersetzen, ist für manche Spitzenmanager mit einem Kulturschock gleichzusetzen.

Das Ende der Beschleunigungsspirale

Die genannten Alternativen zur Entlastung Älterer im Arbeitsprozess haben heute noch Ausnahmecharakter. Sie stoßen gleich in mehrerlei Hinsicht sehr schnell an Grenzen der Umsetzbarkeit. Die Grenzen beginnen mit den finanziellen Möglichkeiten vieler Älterer. Viele können nicht einfach ihre Arbeitszeit und damit ihr Einkommen reduzieren, ohne Einbußen beim Lebensstil zu erleiden. Nicht jeder Ältere vermag auf ein angespartes Vermögen, ein abgezahltes Haus oder eine ordentliche Erbschaft zurückzugreifen. Es bleibt natürlich die Alternative, weniger materiellen Wohlstand gegen mehr Lebensqualität in Form verfügbarer Zeit und geringerer Arbeitsbelastung einzutauschen. Vorausgesetzt, der Job, der Arbeitgeber und auch die lieben Kolleginnen und Kollegen spielen mit. Nicht selten ist das ein unerfüllbarer Wunschtraum. Führungskräfte im Teilzeitjob sind nicht sehr beliebt, weder beim Arbeitgeber noch bei den Kollegen. Auch Sachbearbeiter, die mittags das Feld räumen oder nur drei Tage in der Woche im Büro erscheinen, erzeugen bei Kollegen manchmal das Gefühl, man müsse einen Teil ihrer Arbeit mit übernehmen. Das ist zwar in den seltensten Fällen berechtigt, denn Teilzeitkräfte sind meist produktiver als Vollzeitkräfte, aber rationale Argumente zählen hier nur bedingt.

Es scheint so, dass eine einseitige Entlastung der Älteren im Arbeitsprozess zwar prinzipiell machbar, aber in der Praxis schwer durchsetzbar ist. Zumindest, wenn es nicht mehr um Einzellösungen für herausgehobene Mitarbeiter, sondern für zwanzig oder dreißig Prozent der Belegschaft geht. Langfristige Lösungen für die Älteren lassen sich nicht von der generellen Entwicklung in den Unternehmen abkoppeln. Nimmt man diese Feststellung als Basis, werden Entwicklungsoptionen interessant, die Auswirkungen auf eine generelle Veränderung der Arbeitswelt hätten. Auch hier handelt es sich um eher hypothetische Möglichkeiten, die heute recht utopisch anmuten.

Am Anfang dieses Kapitels habe ich von der Zeitbeschleunigung berichtet, der wir alle ausgesetzt sind. Gegen diese scheinbar naturgesetzlich verlaufende Entwicklung gibt es durchaus Gegenstrategien. Sie lassen sich unter dem Stichwort „Entschleunigung" zusammenfassen. Darunter versteht man das Bestreben, in Beruf und Privatleben bewusst einen Gang zurückzuschalten und wieder langsamer zu werden. Lebensprozesse auf allen Ebenen sollen wieder an die natürlichen Biorhythmen des Menschen angepasst werden. Hinter diesem Bestreben steht die Auffassung, dass die Industriegesellschaft genauso wie ihr Nachfolger, die Wissensgesellschaft, durch eine Eigendynamik geprägt ist, die sinnlose Hast und Hektik in allen Lebensbereichen erzeugt.

Langsamkeit ist dabei nicht das Ziel an sich. Vielmehr geht es um eine angemessene Geschwindigkeit der Lebens- und Arbeitsprozesse, die Raum lässt für ein sinnerfülltes Leben. Aus heutiger Sicht fast schon skurril anmutende Debatten um die Entschleunigung sind schon aus dem 19. Jahrhundert bekannt. Damals ging es beispielsweise um die Frage, ob man Eisenbahnen eine Geschwindigkeit von mehr als zehn Kilometern pro Stunde verbieten könne, um die Menschen vor den Schäden der Raserei zu bewahren. In den 1990er Jahren tauchte der Begriff dann in wissenschaftlichen Debatten auf. Ein wichtiger Meilenstein der praktischen Verwirklichung von Entschleunigungsmaßnahmen war der Start der aus Italien kommenden Slow-Food-Bewegung. Diese Bewegung hat inzwischen schon lange den Bereich des genussvollen Essens überschritten und führte zur Gründung der Vereinigung „Cittaslow". Ihr gehören Städte an, die nicht langsam – im Sinne des Gegenteils von schnell –, sondern lebenswert sein wollen. Hersbruck in Mittelfranken ist eine solche Stadt, die der schrankenlosen Globalisierung bewusst regionale Kreisläufe entgegensetzt. Alteingesessene Firmen erhalten den Vorzug gegenüber internationalen Handels- und Gastronomieketten. Handwerker produzieren mit regionalen Materialien traditionelle Produkte. Alles ist darauf ausgerichtet, nachhaltiges Wirtschaften vom Schlagwort zur Leitidee zu machen und der grassierenden Zeitknappheit entgegenzuwirken.

Vielfältige Versuche, Entschleunigung praktisch erfahrbar zu machen, gibt es heute auf der Ebene der individuellen Lebensgestaltung. Die Regale in den Buchhandlungen sind voll mit Ratgebern, Zeitgeist-Büchern und belletristischen Werken, in denen thematisiert wird, wie das Leben entrümpelt und entschleunigt werden kann. Bücher wie „Simplify your life", „Das Recht auf Faulheit", „Lob des Müßiggangs" oder „Die Entdeckung der Langsamkeit"[76] verdeutlichen schon im Titel, wohin die Reise gehen könnte.

Tatsächlich gibt es nicht nur unter den Städten, sondern auch unter Erwerbstätigen und Firmen immer wieder interessante Beispiele, wie die Entschleunigung gelingen kann. Manager in gut bezahlten Funktionen, die rund um die Uhr um den Globus jetten, durchbrechen das Diktat ihrer Arbeit und richten sich als Berater ein neues Leben ein. Ärzte ziehen den Krankenhauskittel aus und widmen sich handwerklichen Tätigkeiten. Normale Sachbearbeiter kündigen und ziehen sich auf einen einsamen Bauernhof zurück. Firmen wie die des in Hersbruck ansässigen, international erfolgreichen Möbelmachers Danzer bauen Massivholzküchen, in denen schon bei der Herstellung ein heute kaum vorstellbares Maß an Zeit für die Lagerung des Holzes, das Ölen, Trocknen und erneute Ölen mit Naturharz aufgewendet wird. Die Uhrenmanufaktur Lange und Söhne in Glashütte baut trotz Mikroelektronik mechanische Uhren mit einem Zeitaufwand und einer mechanischen Präzision, wie es vor vielen Jahrzehnten üblich war.

Alle diese Beispiele sind Exoten in einer Zeit des Turbokapitalismus. Sie vermögen nur bedingt Hoffnungen zu wecken, dass es wirklich großflächige Alternativen zur Beschleunigung der Lebens- und Arbeitsprozesse gibt. Damit sinken auch die

Chancen für die Älteren, die besonders unter den Auswirkungen der Beschleunigung leiden und nicht selten ihr Heil im vorgezogenen Ruhestand suchen. Doch hat die Entwicklung wirklich nur eine Richtung? Gibt es vielleicht doch Optionen für eine entschleunigte Arbeitswelt, die uns heute möglicherweise noch unwahrscheinlicher vorkommen als 1989 der schlagartige Zusammenbruch des sogenannten sozialistischen Weltsystems? Sicher, heute sind das kaum vorstellbare Utopien! Dennoch kann man sich einer Tatsache nicht verschließen: Das Zusammenwirken von Ressourcenverknappung, ökologischer Krise (Klimawandel), Krise der Arbeitswelt (Arbeitslosigkeit), Neuverteilung der weltweiten ökonomischen Schwergewichte und fortwährender Überforderung vieler Menschen verlangt regelrecht nach mutigen Utopien.

Eine solche Utopie – oder besser eine Alternative zum gegenwärtigen Zustand – findet man in der von der Siemens AG in Auftrag gegebenen Studie „Horizons 2020. Ein Szenario als Denkanstoß für die Zukunft".[77] In der Studie werden zwei Szenarien für die europäische Entwicklung im Jahr 2020 geschildert. Eines der beiden geht davon aus, dass es gelungen ist, Wege aus der Beschleunigungsfalle zu finden. Merkmale dieses Szenarios sind u. a., dass die Stressgesellschaft die Attraktivität der Langsamkeit entdeckt hat. Das Tempo in Arbeits- und Privatleben wird – zumindest in Europa – allmählich gedrosselt. Die Arbeitszeit hat sich verlängert, die Arbeitsintensität ist aber zurückgegangen, denn weniger gehetzte Menschen sind häufig kreativer, produktiver und gesünder. Die Belastungsschere zwischen stark beanspruchten Leistungsträgern und den übrigen Beschäftigten beginnt sich wieder zu schließen. Damit steigt auch die Chance, Erwerbspersonen mit eingeschränkter Leistungsfähigkeit in den Arbeitsprozess zurückzuholen. Nicht nur Spitzenkräfte haben eine Chance auf Arbeit, sondern die gesellschaftlich widersinnige Teilung zwischen Überlastung der Arbeitenden auf der einen und völligem Leerlauf der Arbeitslosen auf der anderen Seite wird schrittweise zurückgedrängt. Als Folge dieser Entwicklung steigt die Qualität des Lebens, aber auch des eigenen Handelns und Arbeitens zulasten der Geschwindigkeit. Und was nicht in der Studie steht: Mit der Verlangsamung der Arbeitsprozesse wachsen die Möglichkeiten für Ältere, bis 65 oder sogar 67 Jahre im Arbeitsprozess zu verbleiben. Wenn die Arbeit nicht mehr auspowert, sondern Sinnstiftung vermittelt, entschärft sich auch der Widerspruch zwischen dem individuellen Wunsch nach Ausscheiden aus dem Berufsleben und der demografisch bedingten Notwendigkeit, länger zu arbeiten.

Lernen an beiden Enden des Tisches

Ein Plädoyer für eine neue Lernkultur

Lernvermögen und Lernbereitschaft Älterer

Die Sache mit dem Lernen

Mit dem Lernen ist es fast wie mit dem Laufen, Sprechen oder Schreiben. Jeder tut es fast ständig – aber nur selten denken wir darüber nach, wie es eigentlich geht, ob wir es noch können und ob wir es besser machen könnten. Dieser völlig normalen Vernachlässigung eines wichtigen Teils des Lebens im Denken des Normalbürgers steht eine Vielzahl von Spezialisten gegenüber, die sich teilweise schon seit Jahrhunderten mit dem Lernen beschäftigen. An erster Stelle stehen natürlich die Lehrer. Sie gelten als die Lernexperten schlechthin. Schließlich werden sie einzig und allein dafür ausgebildet, vorzugsweise junge Menschen zum Lernen zu bringen. Na ja, ab und zu sollen sich Lehrer auch mit Erziehung beschäftigen, aber die hat ja auch etwas mit Lernen zu tun. Den Lehrern stehen die (Diplom)Pädagogen zur Seite: Sie müssen nicht unbedingt selbst unterrichten können, sind dafür aber trefflich in der Lage, alle Vorgänge des Lernens zu erklären. Ähnlich theoretisch orientiert sind die Psychologen. Sie wollen in erster Linie Erklärungsmuster für die Prozesse liefern, die im Kopf des Menschen beim Lernen ablaufen. Und natürlich erklären, welche psychischen Rahmenbedingungen das Lernen erfolgreich gestalten und welche es verhindern. Dicht an der Seite der Psychologen, und dennoch durch den Graben zwischen Geistes- und Naturwissenschaften getrennt, stehen neuerdings die Hirnforscher. Sie begnügen sich nicht mit der Beobachtung äußerer Abläufe wie Pädagogen und Psychologen, sondern schauen mit ihren tonnenschweren Apparaten tief in das menschliche Gehirn hinein. Operierend mit einer Unmenge von Details, können sie in erster Linie sagen, welche Hirnareale bei welchen Lernaufgaben aktiv werden. Bildgebende Verfahren heißt das neue Zauberwort. Die Aufzählung der Spezialisten für das Lernen ist keinesfalls vollständig. Anführen ließen sich noch die Anthropologen, die Bildungsökonomen und viele andere.

Aus der Aufzählung der vielen Spezialisten lässt sich unschwer ableiten, dass es vielfältige Ansichten zum Lernen gibt. Es ist gar nicht so einfach, dazu eine einheitliche Meinung zu formulieren. Dabei sind wir doch eigentlich alle Lernexperten. Schließlich hat jeder die Schule besucht, ein Ort, dessen vorrangige Funktion es ist, Lernprozesse zu ermöglichen. Sicher, die Erinnerungen sind nicht immer die besten, aber dafür so vielfältig wie an kaum einen anderen Lebensbereich. Wer Zweifel an unseren Fähigkeiten als Lernexperten hat, möge doch bitte den Klassenlehrer bzw. die Klassenlehrerin der eigenen Kinder oder Enkel fragen. Die können sicher ein Lied davon singen, wie viele Lernexperten sich unter den Eltern befinden.

Die Zeit unseres Schulbesuchs prägt auch in meist sehr tief sitzender Weise unser Verhältnis zum Lernen und zu der Frage, wie sich unsere Lernfähigkeit im Verlauf des Lebens entwickelt. Eine individuelle Kultur des Lernens bildet sich heraus, die auch als Lernkultur bezeichnet wird. Diese ist meist sehr eng mit den Erfahrungen unserer Jugendzeit verknüpft. Der Volksmund bringt es mit solchen Weisheiten wie „Was Hänschen nicht lernt, lernt Hans nimmermehr" oder „Einen alten Baum verpflanzt man nicht" auf den Punkt: Lernen sei eine Sache der Jugend. So wie bei der Beurteilung der Leistungsfähigkeit der Zusammenhang „Jung-erfolgreich-glücklich" hergestellt wird, gibt es für das Lernen eine Art gefühlte unsichtbare Altersschranke. Wer eine solche Schranke im Kopf hat, kann gar nicht anders, als den Älteren Probleme beim Lernen zu attestieren. Egal, ob es ihn selbst betrifft oder andere. Diese eingebildete unsichtbare Schranke und die daraus ableitbaren verheerenden Folgen wollen wir uns näher anschauen. Woher kommt sie und welche Berechtigung hat sie? Nähern wir uns schrittweise an und fragen zunächst, was alles zum Lernen gehört. Vielleicht ergeben sich daraus Hinweise auf die Probleme, die Älteren landläufig beim Lernen unterstellt werden.

Was gehört alles zum Lernen?

Unser Verständnis vom Lernen ist geprägt durch die Erlebnisse in Schule und Berufsausbildung einschließlich Hochschule oder Universität. Mit gewissen Nuancen haben die meisten von uns dort die gleichen Erfahrungen gemacht. Ein „wissender" Lehrer, Professor, Lehrmeister oder Vorarbeiter verfügt über Wissen und Können, das er an etwas weniger wissende Schüler, Studenten oder Auszubildende weitergibt. Meist, indem er ihnen etwas erzählt, ihnen etwas zeigt und manchmal auch, indem er sie etwas machen lässt. Auf jeden Fall ist der Lehrer, Professor oder Lehrmeister der Lehrende, die Schüler, Studenten und Auszubildenden sind die Lernenden. Sie werden vom Lehrenden belehrt, weswegen diese Art von Didaktik auch als Belehrungsdidaktik bezeichnet wird. In der Berufsausbildung alten Schlages gab es dafür den sogenannten methodischen Vierschritt mit den Bestandteilen Vormachen, Erläutern, Nachmachen, Üben. Er zeigt wunderbar die einseitigen Rollen von Lehrenden und Lernenden.

Mit dieser Vorstellung von Lernen im Kopf wird meist bewertet, wie Ältere und Jüngere im Lernprozess klarkommen. Damit die Belehrungsdidaktik funktioniert, müssen sich die Lernenden darauf einlassen. Sie müssen sich unterordnen, den Wissensvorsprung des Lehrenden akzeptieren und ausreichende Motivation für den Lernprozess aufbauen. Denn der Sinn des Lernens erschließt sich nicht aus der Lernhandlung oder dem Wissen selbst. Er wird vielmehr vom Lehrenden oder von Lehrplanexperten damit begründet, dass man dieses Wissen irgendwann in der Zukunft brauchen wird. Was gelernt wird, ist Vorratswissen. Vermittlung von Wissen und seine Anwendung sind bei der Belehrungsdidaktik oft getrennt. Eine solche Form des Lernens fällt schon Grundschülern nicht leicht. Die Probleme nehmen mit den Jahren gleichermaßen zu und ab. Einerseits tritt bei Schülern ein belehrender, einseitig Wissen vermittelnder Unterricht in Konkurrenz mit anderen Informationsquellen. Die multimediale Überflutung der Kinderzimmer setzt die Reizschwelle immer höher. Belehrender Unterricht hat da schlechte Karten. Andererseits verbessert sich mit zunehmendem Alter die Fähigkeit, abstraktes Wissen aufzunehmen und auf konkrete Fälle anzuwenden.

Als Reaktion auf die Probleme mit der schlichten Weitergabe von Inhalten vom wissenden Lehrer zum unwissenden Schüler wurde in der Berufsausbildung der Vierschritt durch einen methodischen Sechsschritt ersetzt, der andere Bestandteile enthält. Sie lauten jetzt: Informieren, Planen, Entscheiden, Ausführen, Kontrollieren, Bewerten.[78] Diese neueren Konzepte zeigen die Vielfältigkeit der Lernprozesse auf, ohne die Fremdbestimmtheit des Lernens zu durchbrechen. Was gelernt werden soll, wird noch immer von externen Experten vorgegeben. In der Berufsausbildung oder auch in der Schule ist zumindest die Vorgabe von Lerninhalten auch durchaus sinnvoll. Schließlich wäre ein Azubi genauso überfordert, selbst abzuschätzen, welches Wissen und Können er im Beruf später braucht, wie ein Student.

Dennoch hat dieser nicht nur in der Berufsausbildung beobachtbare Paradigmenwechsel hin zu einem hohen Anteil selbst gesteuerter Lernbestandteile (Planen, Entscheiden, Ausführen ...) einen entscheidenden Vorteil: Lernen wird plötzlich nicht mehr gleichgesetzt mit Belehren. An die Stelle der Belehrungsdidaktik tritt die insbesondere in der Wissenschaftsdisziplin Erwachsenenbildung intensiv diskutierte Ermöglichungsdidaktik,[79] auf die ich später noch näher eingehen werde. An dieser Stelle nur so viel im Vorgriff: Ermöglichungsdidaktik bedeutet, den Lernenden Bedingungen für das Lernen zu schaffen. Nicht der Lehrende mit seiner Frage, wie kann ich Wissen so gut wie möglich vermitteln, steht im Zentrum der Ermöglichungsdidaktik, sondern der Lernende. Unser Bild vom Lernen als Wissensübertragung vom wissenden Lehrenden zum nichtwissenden Lernenden ist nämlich ziemlich einseitig und unvollständig. Es favorisiert die Übernahme von speziell didaktisch aufbereitetem Wissen, egal, ob es vom wissenden Lehrer, aus dem Lehrbuch oder aus einer Lernsoftware kommt. Genau genommen, enthält diese Vorstellung vom Lernen nur eine Form des Erwerbs von Wissen, Fähigkeiten und Fertigkeiten und blendet viele andere aus. Unter den Tisch fallen vorzugsweise Prozesse, die Lernen mit dem täglichen Leben oder der Arbeit verbinden. Nicht zuletzt dieser Einseitigkeit ist es geschuldet, dass wir hauptsächlich den Jüngeren das Potenzial zubilligen, solche schon in der Schule fragwürdigen Formen des Lernens zu verkraften. Im Umkehrschluss bedeutet das, dass Ältere Probleme mit dem Lernen haben (müssten)! Ist das wirklich so?, lautet die zentrale Frage.

Vorurteile und Fakten zum Lernen Älterer

Ähnlich wie zur Leistungsfähigkeit Älterer gibt es auch zu deren Lernfähigkeit und Lernbereitschaft viele Vorurteile. Älteren wird nicht nur die Verfügbarkeit neuesten Wissens abgesprochen. Sie besitzen, so die landläufige Meinung, nur in begrenztem Maße die Fähigkeit, sich neues aktuelles Wissen anzueignen. Wenn diese Einschätzung stimmen sollte, wäre das noch viel gravierender als die im letzten Kapitel besprochene negative Einschätzung des Leistungsvermögens Älterer. Denn wer nicht ausreichend schnell lernen kann, ist den ständigen Veränderungen der Arbeits- und Lebenswelt der Wissensgesellschaft nahezu hilflos ausgeliefert.

Verzichten wir diesmal von vornherein auf den Versuch, die eigene Biografie oder die öffentliche Meinung als Quelle für eine taugliche Einschätzung zum Lernvermögen Älterer zu nutzen. Was dabei herauskommt, haben wir im letzten Kapitel gesehen. Nutzen wir an ihrer Stelle gleich die Ergebnisse der Wissenschaft. Deren Aussagen sind eindeutig. Eine Vielzahl von Studien kommt zu einem übereinstimmenden Fazit. Dieses lautet: Es gibt keinen wissenschaftlichen Beleg dafür, dass ältere Menschen weniger lernfähig sind als Jüngere.[80] Die Probleme liegen – so die Feststellung der Wissenschaftler – eher in der Motivation, im Anreiz, noch etwas Neues zu lernen. Die Motivation zu lernen ergibt sich aber in erster Linie aus der Antwort auf die Frage, wofür wir lernen. Und diese Antwort wandelt sich in den verschiedenen Lebens- und Lernphasen. Junge Menschen lassen sich zumindest in bestimmten Grenzen mit der Zielstellung motivieren, dass sie für eine zum Zeitpunkt des Lernens noch unbekannte Zukunft lernen. Sie erwerben Vorratswissen in der Hoffnung, es irgendwann zu brauchen. Das gilt gleichermaßen für die allgemeinbildende Schule, die Berufsausbildung und die Hochschule.

Die Grenzen zwischen Vorratswissen und anwendungsbezogenem Wissen sind allerdings nicht so eindeutig, wie man zunächst vermuten könnte. In der allgemeinbildenden Schule verwischen sie insbesondere bei der Vermittlung grundlegender Kulturtechniken. Lesen, Schreiben, Rechnen sowie in heutiger Zeit der Umgang mit modernen Medien sind Fähigkeiten, die nicht erst im späteren Leben, sondern sofort – noch in der Kindheit – benötigt werden. Wer sie nicht hat, ist schnell ausgeschlossen aus der Welt seiner Mitschüler. Kinder mit Migrationshintergrund und ohne ausreichende Deutschkenntnisse bekommen das genauso schmerzhaft zu spüren wie erwachsene Analphabeten. In der Berufsausbildung, insbesondere in ihrer dualen Form, wird die Grenze zwischen Vorratswissen und anwendungsbezogenem Wissen noch unschärfer. Der Auszubildende lernt ja zumindest einen erheblichen Teil seiner Zeit am Arbeitsplatz und erwirbt Wissen und Können mit hoher Praxisrelevanz. Vorausgesetzt, er kann später auch tatsächlich an einem solchen Arbeitsplatz tätig werden. An den Hochschulen nimmt der Anteil des Vorratswissens wieder zu. Da der zukünftige Arbeitsplatz oftmals nur in grober Annäherung bekannt ist, bleibt gar nichts anderes übrig, als möglichst breit anwendbares Vorratswissen zu vermitteln. Für die Studentinnen und Studenten ist das auch durchaus normal. Schließlich sind sie an die Hochschule gekommen, um Grundlagen wissenschaftlichen Arbeitens – gepaart mit gediegenem Wissen zur jeweiligen Fachdisziplin – zu erwerben. Probleme entstehen vordergründig dann, wenn der Graben zwischen Theorie und Praxis unüberwindlich wird oder Wissen dominiert, welches eher dem Erkenntnisinteresse des jeweiligen Hochschullehrers und weniger der inneren Logik der Fachdisziplin entspringt. Problematisch ist auch die oft zu beobachtende Vernachlässigung der Ausprägung von Schlüsselkompetenzen wie der sozialen Kompetenz, wenn Hochschullehrer einseitig auf den Wissenserwerb bzw. Wissenstransfer setzen.

Wie sieht es nun mit dem Praxisbezug und der Lernmotivation in der Weiterbildung als der Form des Lernens aus, die Erwachsene und insbesondere Ältere am stärksten betrifft? Auch hier muss man differenzieren. In der betrieblichen beruflichen Weiterbildung beantwortet sich die Frage fast von selbst: Kaum ein Unternehmen finanziert die Teilnahme an Weiterbildungsmaßnahmen ohne konkreten Bezug zu den im Unternehmen zu lösenden Aufgaben. Schließlich sollen aus der Unternehmenssicht mit der Weiterbildung nicht die Beschäftigungschancen des Mitarbeiters am allgemeinen Arbeitsmarkt erhöht werden. Es geht fast immer um die Befähigung der Mitarbeiter zur Lösung betrieblicher Aufgaben und Probleme. Dafür soll das nötige Wissen und Können vermittelt werden. Damit ist zumindest der Praxisbezug des Lernens gesichert. Das Wissen zu den zu lösenden Problemen kann bisweilen in ein durch und durch theoretisches Konstrukt verpackt werden. Der Bezug zur Unternehmensproblematik bleibt unbenommen. Mit diesem Bezug ist auch die Basis für die Motivation zum Lernen gegeben. Vorausgesetzt, der Mitarbeiter befindet sich nicht bereits im Zustand der inneren Kündigung oder lehnt aus anderen Gründen die Teilnahme an der Weiterbildung ab, spielen Arbeitsmotivation und Lernmotivation zusammen. Die Lernmotivation ergibt sich idealtypisch aus der Motivation zur Bewältigung der anstehenden Arbeitsaufgaben.

Anders sieht es bisweilen bei der Qualifizierung von Erwerbslosen und sonstigen Personengruppen mit Problemen beim Zugang zum ersten Arbeitsmarkt aus. Hier findet man bisweilen auch heute noch den Glauben, man könne 40- oder 50-Jährige ähnlich wie Auszubildende oder Studenten dafür gewinnen, Vorratswissen für eine unbekannte und offene Zukunft am Arbeitsmarkt zu erwerben. Von dieser Basis ausgehend wurden und werden die didaktischen und inhaltlichen Konzepte der Lehrausbildung oder der Hochschulen einfach in gekürzter Form mit dieser Personengruppe praktiziert. Manchmal funktioniert das sogar. Und zwar dann, wenn die Teilnehmer realistische Chancen sehen, ihr neu erworbenes Wissen tatsächlich am Arbeitsmarkt zu platzieren. Leider hat sich herumgesprochen, dass dieses nicht so einfach ist. Und so geraten Bildungsmaßnahmen zur Vermittlung von Vorratswissen für Erwerbslose zunehmend in Schwierigkeiten. Einmal weil sie immer Gefahr laufen, an der Praxis vorbei zu qualifizieren. Noch mehr aber durch die Schwierigkeiten, Erwachsene zum Erwerb von Vorratswissen zu motivieren, dessen Anwendbarkeit in den Sternen steht. Um hier voranzukommen, bedarf es offensichtlich anderer Konzepte, die Lernen und berufliches Handeln ähnlich verschränken, wie es in der betrieblichen Weiterbildung selbstverständlich ist. Ich werde in den nächsten Kapiteln erläutern, wie solche Konzepte aussehen können.

Die unterschiedlichen Ansätze zur Begründung der Lernmotivation lassen sich unabhängig vom Alter der Lernenden und dem Ort, an dem das Lernen stattfindet, mit den Begriffen defensives und expansives – auch bezeichnet als selbstbestimmtes – Lernen charakterisieren.[81] Defensives Lernen umfasst Lernhandlungen, die unter Androhung von Sanktionen vollzogen werden. Solche Sanktionen können von schlechten Schulnoten bis hin zur Androhung des Jobverlustes oder der Unmöglichkeit, einen neuen Job zu finden, reichen. Der Lehrende oder andere Autoritäten wollen, dass etwas gelernt wird, die Lernenden stehen vor der Frage, wie sie mit diesem Druck umgehen. Es treten Widerstände auf, welche darauf zurückzuführen sind, dass die Lernenden keinen inhaltlichen oder aus einem bestimmten Handlungskontext stammenden Grund besitzen, sich mit dem dargebotenen Lerngegenstand auseinanderzusetzen. Im günstigsten Fall überwinden sie die Widerstände, indem sie das Lernziel verinnerlichen, und es kommt zum expansiven Lernen. Sie können sich aber auch gänzlich verweigern, gegen das Diktat rebellieren, Lernen vortäuschen oder aber zumindest versuchen, den Lernprozess mit geringstem Aufwand zu realisieren.[82] Für eine Prüfung lernen, die Prüfung schreiben und das Thema abhaken sind nicht nur bei Schülern und Studenten weitverbreitete Verhaltensweisen.

Ganz anders beim *expansiven (selbstbestimmten)* Lernen: Bei dieser Lernform steht eine Handlung (bzw. ein Problem) im Vordergrund, welche(s) für die Betroffenen eine subjektiv zugewiesene Bedeutung hat. Betriebliche Weiterbildung wird oft dadurch geprägt. Der Einzelne will ein wichtiges Problem lösen und braucht dazu Fähigkeiten und Wissen, welche er sich erst aneignen muss. Der Prozess der Aneignung ist letztlich immer ein Lernprozess. Beispielsweise möchte jemand den Umgang mit dem Computer erlernen, da er seine Arbeitsaufgaben mit dessen Hilfe besser erledigen kann. Im Vordergrund der Lernhandlung stehen nicht die Funktionsweise des Computers, seine Bestandteile oder die Wartung und Pflege. Ziel ist es, mit dem PC Fähigkeiten zur Verarbeitung und zum Austausch von Informationen mit wesentlich höherer Geschwindigkeit aufzubauen – also ein Problem zu lösen. Angestrebtes Ziel ist Informationsverarbeitung, das Mittel ist die Bedienung des PC. Durch Erlernen seiner Bedienung werden die eigenen Verfügungsmöglichkeiten und Handlungsoptionen erweitert. Die Erfahrung unüberschaubarer Papierberge und die Abkopplung vom inzwischen selbstverständlichen Informationsaustausch über E-Mail erzeugen einen ganz eigenen Problemdruck.[83] Die Wahrnehmung dieses Problemdrucks durch den Einzelnen ist verbunden mit einem „Gefühlszustand des Ungenügens".[84] Man ist unzufrieden mit den eigenen Möglichkeiten. Gelernt wird, um diesen Gefühlszustand zu überwinden und künftig Mittel zur Lösung des Problems zur Verfügung zu haben.

Bei aller Bedeutung der Lernmotivation muss ich allerdings eine frühere Feststellung nochmals unterstreichen: Mit sporadischer oder auch regelmäßiger Weiterbildung allein – mag sie auch noch so sehr auf die Bedürfnisse der Lernenden ausgerichtet sein – ist es nicht getan. Fast noch wichtiger ist eine Arbeitsgestaltung und -organisation, die kontinuierliche Qualifizierung im Arbeitsvollzug einfordert und ermöglicht. Mitarbeiter, welche aufgrund des Wandels ihrer Aufgaben regelmäßig lernen müssen, haben gute Chancen, dass ihre Qualifikationen aktuell bleiben. Gleiches gilt für den Erhalt ihrer Lernfähigkeit und damit ihrer Beschäftigungschancen über die gesamte Erwerbsbiografie hinweg. Selbst bei Verlust ihres Jobs haben sie deutlich bessere Voraussetzungen, sich auf die Anforderungen neuer Tätigkeiten einzustellen. Zumindest ihre Lernfähigkeit ist gesichert. Ob das ausreicht, um nach Verlust des langjährigen Arbeitsplatzes bei einem Unternehmen eine Vorstellungschance zu erhalten, steht auf einem anderen Blatt.

Was die Hirnforschung uns lehrt

Die bisherigen noch ziemlich pauschalen Feststellungen zum Lernvermögen Älterer beruhen auf einer Vielzahl in ihrer Tendenz recht eindeutiger Studien. Die dort ermittelten Ergebnisse werden noch verständlicher, wenn wir auf Erkenntnisse der Hirnforschung zurückgreifen. Sie hat in den letzten Jahren enormen Aufwind bekommen und liefert vielfältige Erkenntnisse zum Wesen geistiger Prozesse. Zugegeben, von einem wirklichen vollständigen Verständnis der Prozesse im Gehirn sind auch die Hirnforscher noch ein ganzes Stück entfernt. Das sagen zumindest elf führende Neurowissenschaftler in einem von ihnen verfassten Manifest mit dem Titel „Das Manifest. Auf dem Wege zu einem neuen Menschenbild. Deutschlands führende Neurowissenschaftler über Gegenwart und Zukunft der Hirnforschung".[85] Aber dennoch können die Hirnforscher heute eine Reihe von früheren Dogmen widerlegen.

Das betrifft insbesondere die jahrzehntelang bestimmende Annahme, das erwachsene Gehirn sei nicht mehr veränderungs-

bzw. entwicklungsfähig und hätte damit wenig Ressourcen zum Lernen. Die Hirnforscher, so schreiben Sarah-Jayne Blakemore und Uta Frith in ihrem Buch „Wie wir lernen. Was die Hirnforschung darüber weiß", seien früher ziemlich einhellig von einer Annahme ausgegangen: Nach dieser wäre das Gehirn nach den ersten Lebensjahren mit allen Zellen ausgestattet, die es jemals haben wird. Mit dem Erwachsenenalter würde dann eine Abwärtsspirale einsetzen, die zum Schrumpfen des Gehirns verbunden mit einem Verlust von Gehirnzellen führt und mit einer Verschlechterung der Lernfähigkeit, des Erinnerungsvermögens und der allgemeinen Leistungsfähigkeit verbunden ist.[86] Das ist keine sehr angenehme Vorstellung, aber nach früheren Auffassungen eine scheinbar unabänderliche Konsequenz der biologischen Alterungsprozesse.

Glücklicherweise wissen wir heute manches besser, obwohl der Mechanismus der Gehirnalterung noch lange nicht vollständig verstanden ist. Zunächst büßen wir im Laufe unseres Lebens trotz deutlicher Anzeichen für eine Schrumpfung des Gehirnvolumens nur etwa zehn Prozent der Neuronen ein. Die Schrumpfung wird viel stärker durch einen Verlust an weißer Gehirnsubstanz hervorgerufen. Was aber viel wichtiger ist: Nicht nur das jugendliche Gehirn, auch das erwachsene Gehirn ist flexibel und verändert sich bis ins hohe Alter. Und zwar keineswegs allein in Richtung Abbau. Vielmehr entstehen bestimmte Bestandteile der Hirnstruktur ständig neu. Grundlage ist die stetige Wechselwirkung des Gehirns mit von außen kommenden Signalen. Die konkrete Ausformung jedes einzelnen Gehirns wird sehr stark durch Umweltreize beeinflusst. Das beginnt bereits während seiner Entstehung im Mutterleib, setzt sich während des Wachstums im Kindesalter fort und hört danach im Erwachsenenalter keineswegs auf.

Das Gehirn verändert sich, solange es lebt. In seiner Frühphase nach der Geburt erzeugt es eine Überfülle an Vernetzungen, die später teilweise wieder abgebaut werden. Auch danach hinterlässt jede Form des Denkens Spuren im Netzwerk. Es gibt keine zwei Gehirne, die sich gleichen, selbst die von eineiigen Zwillingen mit den gleichen Erbanlagen unterscheiden sich gravierend. Der fortwährende Umbau des Gehirns ist eine direkte Folge von Lernprozessen, die ein Leben lang andauern. Lernen, so könnte man sagen, ist identisch mit einem fortwährenden Umbau des Gehirns. Die Fähigkeit zum fortwährenden Umbau wird auch als neuronale Plastizität bezeichnet. Darunter versteht man die Veränderbarkeit des neuronalen Netzes durch äußere Signale.

Um diese zu verstehen, ist ein kleiner Exkurs zum Aufbau des Gehirns notwendig. Das Gehirn besteht im Kern aus etwa 100 Milliarden Nervenzellen (Neuronen), die miteinander durch ein Netzwerk von Nervenfasern (Axonen und Dendriten) verbunden sind. Da jedes Neuron mit Tausenden anderen gekoppelt ist, ist die Anzahl der Vernetzungen astronomisch hoch. Im Erbgut jedes einzelnen Menschen ist nun weitgehend vorgegeben, wie der Bauplan für die neuronale Struktur des Gehirns aussieht. Auch für die Vernetzungen gibt es Vorgaben, aber diese sind nicht starr. Vielmehr entstehen Vernetzungen immer dann, wenn bestimmte Neuronen miteinander „reden", d. h. wenn sie Informationen austauschen. Genau das, die Entstehung, Verstärkung oder Schwächung von Vernetzungen zwischen Neuronen, ist die materielle Basis für Lernprozesse in neuronalen Netzwerken. Sie finden sich in einfachsten Lebewesen wie der Meeresschnecke Aplysia mit ihren lediglich 20.000 Neuronen ebenso wie beim Menschen mit 100 Milliarden Neuronen. Zum Lernen auf molekularer Ebene kommt es, wenn drei Bedingungen erfüllt sind: (1) Neuronen, welche die Eingangssignale (z. B. ein Schmerzempfinden) empfangen, sind über sogenannte Synapsen mit Ausgangssignalen produzierenden Neuronen verschaltet. (2) Die Verbindungsstärke der Synapsen ist dauerhaft veränderbar, und zwar durch immer wiederkehrende Signale. (3) Schließlich dürfen die Neuronen erst ab einem bestimmten Schwellenwert reagieren.[87] Sind diese Bedingungen gegeben, so führen externe Reize zu mehr oder weniger intensiven Lernprozessen. Das Wissen liegt dann gewissermaßen in den Synapsen, ihrer Anzahl und Stärke.

Fehlen allerdings bestimmte äußere Reize, so bilden sich auch spezifische Vernetzungen während der frühkindlichen Entwicklung gar nicht erst aus. Das passiert z. B., wenn wegen einer Krankheit keine Signale von den Augen kommen. In diesem Fall entstehen bestimmte Teile des Sehzentrums im Gehirn nicht in der üblichen Form. Wird später z. B. durch eine Operation der Augen oder des Sehnervs dafür gesorgt, dass die Signale fließen, kann das Gehirn trotzdem nichts damit anfangen. Es fehlen die notwendigen neuronalen Voraussetzungen. An dieser Stelle gibt es offensichtlich Grenzen. Andererseits besitzt das Gehirn sogar die Fähigkeit, ausgefallene Funktionen von Gehirnarealen zumindest teilweise durch andere Areale zu ersetzen.

Doch nicht diese Funktion soll uns hier interessieren. Viel wichtiger ist die Tatsache, dass Lernen und ständiger Umbau des neuronalen Netzes eine Einheit bilden. Man könnte auch sagen, das Wissen befindet sich im neuronalen Netz, denn dieses verändert sich während des ganzen Lebens. Die Hirnzellen selbst bleiben demgegenüber konstant, wenn man von der Verringerung ihrer Anzahl ab etwa dem vierzigsten Lebensjahr absieht. Und noch etwas ist wichtig: Die Hirnforscher betonen immer wieder, dass die Plastizität des Gehirns sehr stark davon abhängt, wie es benutzt wird. Auch wenn Vergleiche immer hinken, könnte man es mit einem Muskel vergleichen. Wird er benutzt, trainiert, bleibt er in Schwung. Benutzt man ihn nicht ausreichend, kümmert er vor sich hin. So ist es auch mit dem Gehirn. Wer ständig Neues lernt, sorgt dafür, dass die neuronale Plastizität erhalten bleibt. Wer nicht gewohnt ist zu lernen, wird größte Schwierigkeiten haben, sich plötzlich neues Wissen anzueignen.

Vor dem Hintergrund dieser Erkenntnisse kommen die Hirnforscher dann auch zu dem Ergebnis, dass unser Gehirn gut gerüstet ist, um lebenslang zu lernen. Immer vorausgesetzt, wir lassen erst gar keine Pause des Lernens zu, damit die Plastizität des Gehirns nicht leidet. Sie betonen aber auch, dass das erwachsene Gehirn weniger formbar ist als etwa das Gehirn eines Kindes. Das erwachsene Gehirn braucht länger, um Neues zu lernen, wie jeder von uns beim Älterwerden merkt. Die Hirnalterung verläuft aber individuell sehr unterschiedlich. Sie vollzieht sich diskontinuierlich, und die einzelnen Hirnregionen altern mit unterschiedlicher Geschwindigkeit. Überhaupt weiß die Hirnforschung heute viel mehr über die Entwicklung kindlicher Gehirne als über das normale alternde Gehirn ab dem vierzigsten Lebensjahr. Hier sind noch manche Überraschungen zu erwarten. Vielleicht können wir mit ihrer Hilfe den Zeitpunkt immer weiter hinausschieben, ab dem durch hohes Lebensalter oder Krankheiten die Plastizität spürbar abnimmt und Abbauprozesse in den Vordergrund treten. Bis dahin gilt die von Blakemore/Frith formulierte Regel: *Use it – or lose it*. Was nicht benutzt wird, geht verloren.

Dabei ist allerdings noch eines zu beachten: Manche Veränderungen im Gehirn gehen relativ schnell. Zum Beispiel können sich die für die Sinneswahrnehmungen und Bewegungen (Motorik) zuständigen Bereiche des menschlichen Gehirns bei aktiver Beanspruchung in etwa fünf Tagen an neue Aufgaben anpassen. Die Veränderungen gehen aber auch schnell wieder verloren. Das ist z. B. der Hauptgrund, warum selbst exzellente Berufsmusiker tagtäglich üben müssen. Unser Gehirn ist keine Festplatte, auf der einmal eingeschriebenes Wissen zur Verfügung steht, bis es gelöscht oder überschrieben wird. Es lässt sich aber beobachten, dass immer wieder benutzte neuronale Verbindungen stabiler werden und über längere Zeit verfügbar bleiben. Stetiges Üben reaktiviert also nicht etwa immer vom gleichen Niveau ausgehend, sondern sorgt dafür, dass die Gedächtnisspuren in Form neuronaler Verschaltungen weiter vertieft werden. Nicht benutzte Verschaltungen werden demgegenüber immer schwächer und verschwinden schließlich ganz. Vergessen zu können, ist manchmal eine Plage; viel öfter bewahrt es uns aber davor, unter der Vielfalt täglich neu eintreffender Sinneseindrücke zusammenzubrechen.

Gerade für die Älteren ist eine weitere Erkenntnis von existenzieller Bedeutung: Es ist schon lange bekannt, dass zwischen Körper und Geist ein enger Zusammenhang existiert. In einem gesunden Körper wohnt ein gesunder Geist, lautet eine auf Juvenal zurückgehende Weisheit. Die Hirnforscher haben diesen Zusammenhang aber noch viel präziser gefasst. An Tierversuchen haben sie nachgewiesen, dass die Lernfähigkeit von Mäusen, die viel Bewegung im Laufrad hatten, deutlich höher war als die genetisch identischer Artgenossen mit wenig Bewegung. Körperliche Bewegung hat beim Menschen positive Auswirkungen auf die Ausschüttung von chemischen Substanzen im Gehirn, welche die Stimmung beeinflussen. Das ist schon lange bekannt. Bei den Mäusen konnten die Hirnforscher aber noch etwas anderes beobachten. Durch Gehirnscans stellten sie fest, dass in bestimmten für die Orientierung zuständigen Gehirnregionen sogar neue Zellen wuchsen, was bisher als undenkbar galt. Es lohnt sich also, nicht nur über das ständige Training des Gehirns nachzudenken, sondern auch den Körper in die Maßnahmen zur Aufrechterhaltung der Leistungsfähigkeit einzubeziehen. Dadurch werden nicht unbedingt neue Gehirnzellen entstehen.

Aber die Lernfähigkeit kann durch körperliche Bewegung auf jeden Fall wirksam gesteigert werden. Es scheint so, als ob Bewegung das Gehirn effizienter lernen ließe.

Noch eine weitere Botschaft der Hirnforscher ist bedeutsam: Natürlich lernen wir alle täglich allein dadurch, dass wir leben. Die Aufnahme von äußeren Reizen und ihre Verarbeitung sind gleichbedeutend mit einem Minimalprogramm für das Gehirntraining, ähnlich den Trainingseffekten, die sich täglich schon durch das normale Gehen für die Muskeln ergeben. Nur ist diese Art von Gehirntraining meist sehr einseitig. Ganz anders, wenn wir uns mit unterschiedlichen Problemen beschäftigen, die zudem öfters wechseln. Auf der Suche nach Lösungen werden unterschiedliche Denkprozesse in Gang gesetzt, die auch unterschiedliche Gehirnregionen ansprechen können. Damit leisten wir einen erheblichen Beitrag zur Erhaltung der neuronalen Plastizität. Und wir schaffen Voraussetzungen für die Entstehung neuer neuronaler Vernetzungen. Mit anderen Worten: Je vielfältiger die Beanspruchungen, Denk- und Lernprozesse sind, desto flexibler bleibt unser Gehirn. Genau diese Flexibilität brauchen wir unter den schnell wechselnden Bedingungen der Wissensgesellschaft. Aus der Sicht der Hirnforscher können wir also nicht nur lebenslang lernen, wir müssen es sogar. Wer aufhört zu lernen, stellt sich selbst ins Abseits und muss sich nicht wundern, wenn er den Anforderungen der Zeit nicht mehr folgen kann.

Für die praktische Gestaltung der Lernprozesse sind zwei weitere Erkenntnisse der Hirnforscher von fundamentaler Bedeutung. Diese haben herausgefunden, dass lernende Gehirne einen eigenen Mechanismus entwickelt haben, um sich während des Lernens bei Laune zu halten. Das Gehirn besitzt ein internes Belohnungssystem, in dem die körpereigenen Opiate eine zentrale Rolle spielen. Diese werden ausgeschüttet, wenn wir etwas Neues sehen und erleben. Darum also gehört Neugierde zum Wesen des Menschen. Die Neugierde steht aber nicht allein. Für erfolgreiches Lernen ist wichtig, dass die Ausschüttung auch erfolgt, wenn wir erfolgreich eine anspruchsvolle Aufgabe gelöst haben. Die Freude darüber hat im wahrsten Sinne des Wortes eine biochemische Ursache. Und die Freude hat Folgen: Wir merken uns den Lösungsweg und werden wieder ein bisschen klüger. Wir haben etwas gelernt.

Ursache für das erfolgreiche Lernen ist hier nicht äußerer Druck oder der beliebte Lehrer mit seinen besonderen Methoden der Wissensvermittlung. Das Lernen erfolgt vielmehr selbstmotiviert und in eigener Regie. Dieser Mechanismus ist noch lange nicht ausreichend erforscht. Dass er existiert und seine aktive Berücksichtigung Lernprozesse für alle Altersgruppen optimieren kann, steht aber außer Frage. Das gilt auch für eine weitere für das Lernen wichtige faszinierende Fähigkeit des menschlichen Gehirns. Dieses ist nämlich nicht nur in der Lage, passiv zu lernen, was man ihm an Erkenntnissen vorsetzt. Es kann vielmehr auch selbstständig aus vielen Einzelerscheinungen auf das Allgemeine schließen und aus Beispielen Regeln extrahieren, die ihm vorher keiner beigebracht hat. Diese selbst erkannten Regeln haften dann besonders gut und können später wieder aktiviert werden.

Wie man es auch dreht und wendet, eine Erkenntnis eint die unterschiedlichen Postulate der Hirnforscher zum Lernen. Je mehr eigene Aktivitäten das Lernen begleiten bzw. sogar prägen, desto besser gelingt es. Diese Aussage gilt gleichermaßen für das Kleinkind wie für den älteren Erwerbstätigen.

Wie lernen Ältere?

Ältere lernen nicht schlechter, aber in bestimmten Punkten anders als Jüngere. Das ist zunächst eine Binsenweisheit. Es lohnt sich aber, genauer zu untersuchen, welche Besonderheiten das Lernen Älterer aufweist. Sind sie bekannt, können Lernprozesse so gestaltet werden, dass auch Ältere maximale Lernerfolge erreichen. Werden sie vernachlässigt, wird das Lernen nicht selten zur Quälerei und endet im Desaster der Lernverweigerung.

Im letzten Kapitel habe ich das Konzept der fluiden und der kristallinen Intelligenz vorgestellt. Aus diesem Konzept ergeben sich auch Konsequenzen für die Art und Weise, wie Ältere lernen. Generell kann man feststellen, dass die Älteren langsamer lernen als Jüngere. Das hängt zunächst mit der zurückgehenden Geschwindigkeit der Informationsverarbeitung – sie ist identisch mit einer Verringerung der fluiden Intelligenz – zusammen. Gleichzeitig kommt den Älteren aber auch die ansteigende kristalline Intelligenz zugute. Durch intensive Beschäftigung mit dem Lernstoff sind sie in der Lage, die neuen Inhalte in schon

bestehendes Wissen zu integrieren und komplexe Zusammenhänge herzustellen. Man kann durchaus annehmen, dass Ältere
gerade wegen ihres umfangreichen Wissenstandes und ihrer
reichen Erfahrungen länger brauchen, um das neue Wissen zu
integrieren und zu strukturieren. Das langsame Lernen hat also
auch Vorteile: Es ist beständiger und vernetzt neues Wissen stark
mit anderen Wissensbestandteilen.[88]

Bei dem Versuch, die typischen Merkmale des Lernens
Älterer zu charakterisieren, werden wir wieder bei Ursula Lehr
fündig.[89] Sie hebt folgende Merkmale des Lernverhaltens Älterer
hervor.

Hohe Bedeutung der Lernmotivation

Eigentlich gilt ja für jeden Lernprozess, dass der Sinn des Lernens erkennbar sein muss. Für Ältere ist das besonders wichtig. Sie haben in ihrem Leben schon vieles erlebt und stellen in
konkreten Lernsituationen mit Recht die Frage, wofür brauche
ich denn dieses Wissen überhaupt. Ihnen pauschal einzureden,
Wissen wäre wichtig für eine imaginäre Zukunft, ist oft ebenso
vergeblich wie der Versuch, ihnen Wissen zu vermitteln, welches im Widerspruch zu ihren Erfahrungen steht. Man könnte
auch sagen: Ältere sind nicht so leicht manipulierbar. Je klarer
der Verwendungszweck des Wissens ist, desto größer fallen die
Lernerfolge aus. Dieser an sich nützliche Zusammenhang hat
aber auch Tücken. Er kann nämlich zur Verweigerung gegenüber neuen Theorien oder gegenüber Wissen führen, welches
erst mittelbar praxisrelevant ist. Hier hilft dann möglicherweise,
an die Neugier der Älteren zu appellieren. Wie groß diese ist,
zeigen die zahlreichen Seniorenkollegs an den Universitäten,
wo Ältere „zweckfrei" lernen, um ihre ungestillte Neugier zu
befriedigen. Mithilfe der Neugier gelingt es dann auch, sogenanntes prospektives Wissen zu vermitteln. Dieses Wissen ist
ähnlich dem in der Schule erworbenen Zukunftswissen keinem
sofortigen Verwertungszweck unterworfen. Es könnte aber später einmal gebraucht werden – meist in dem Moment, wo man
es am wenigsten erwartet. Auf Kongressen und Tagungen kann
man solches prospektives Wissen zum eigenen Fachgebiet erwerben. Ingenieuren oder Naturwissenschaftlern Philosophie
zu lehren, ist ein anderes Beispiel für die Vermittlung prospek-

tiven Wissens. Manchmal verhilft Wissen aus einem völlig fremden Fachgebiet zu überraschenden Erkenntnissen im Rahmen von Problemlösungsprozessen. So könnte beispielsweise die Rückbesinnung auf philosophische Grundsätze der alten Griechen dazu beitragen, technische Probleme aus einer anderen Sicht heraus zu betrachten. Wer die Lernmotivation Älterer unterstützen will, sollte also vor allem ehrlich sein und gar nicht erst versuchen, die Lernenden zu manipulieren oder sie gar zum Lernen zu zwingen. Nur wenn die Älteren wirklich lernen wollen, werden sie auch im Lernprozess erfolgreich agieren. Dazu bedarf es vor allem ausreichender Lernmotivation.

Hohe Bedeutung eigener Lernaktivitäten

Auch dieser Punkt gilt eigentlich für jeden Lernprozess vom Kindergarten bis zur Universität. Für ältere Lernende hat er aber wieder eine ganz spezifische Bedeutung. Der Bezug zur Praxis soll hoch sein, damit an die Erfahrung der Älteren angeknüpft werden kann. Je mehr das Lernen mit eigenen Handlungen verknüpft wird, umso besser sind die Ergebnisse. Die Älteren fühlen sich vor allem ernst genommen, wenn sie sich Wissen selbstständig erschließen. „Ich bin doch kein Schulkind", lautet nicht selten die abwehrende Reaktion, wenn versucht wird, sie einfach mit Wissen vollzustopfen. Der berühmte Nürnberger Trichter zur Wissensvermittlung funktioniert bei Älteren noch weniger als bei Kindern. Viele empfinden es sogar mit Recht als Verletzung ihrer Würde, wenn man ihnen einfach Wissen vorwirft, ohne ihnen Wahlmöglichkeiten zu lassen. Vordergründig theoretisches Wissen zu vermitteln, ist vor allem dann angebracht, wenn es als Ergänzung praktischer Anforderungen erkannt wird. Theoretische Unterweisungen können durchaus sinnvoll sein. Sie sollten aber nach Möglichkeit mit Formen praktischen Handelns oder der selbstständigen Erarbeitung und Anwendung von Lerninhalten verbunden werden.

Überlastung bei hoher Geschwindigkeit der Stoffdarbietung

Ältere Lernende haben oftmals Probleme, den Lehrstoff mit der gleichen Geschwindigkeit aufzunehmen wie Jüngere. Die Verarbeitungsprozesse verlaufen langsamer, dafür aber wie oben beschrieben oft tiefgründiger. Wird dieser Umstand nicht berücksichtigt, so führt das zu Blockadesituationen. Einfach gesagt: Die Lernenden schalten ab. Je nach Erfahrungshintergrund und beruflicher Position kommt es dann zu unterschiedlichen Reaktionen. Manch einer zweifelt möglicherweise an seinen eigenen Fähigkeiten. „Warum bin ich nicht in der Lage mitzukommen?" In anderen steigt die Wut hoch. „Was erlaubt sich dieser Schnösel von Dozent, mich hier so vollzutexten? Vom wirklichen Leben hat der doch gar keine Ahnung!" Dritte warten möglicherweise, bis der ganze theoretische Kram vorbei ist und die Rezepte für die praktische Anwendung kommen. „Erzähl du nur, Hauptsache, ich habe meine Ruhe", lautet die Devise. Egal, welche Variante auf den jeweiligen Lernenden zutrifft, das Ergebnis ist immer das Gleiche. Wertvolle Zeit wird sinnlos vergeudet, die Lernmotivation nähert sich dem Nullpunkt und der Lernprozess schlägt in sein Gegenteil um. Wie kann man diese Gefahren vermeiden?

Lernen Menschen mit unterschiedlicher Lerngeschwindigkeit, wie z. B. Jüngere und Ältere, gemeinsam, bietet es sich an, Wahlmöglichkeiten zu schaffen. Die Lernwege und die Lerngeschwindigkeit sollten möglichst individuell wählbar sein. Auf diese Weise wird nicht nur das berühmte Abschalten vermieden. Die Lernenden haben auch Gelegenheit, den Praxisbezug ihres Lernens durch eigenständige Auswahl der Lernmethoden zu erhöhen. Der klassische Frontalunterricht in der Gruppe kann das nur schwer leisten. Es ist schon etwas mehr Kreativität notwendig, um Lernprozesse für die eigenständige Wahl der Lernmethoden zu öffnen. Auch dazu später mehr.

Lerntechniken (Eselsbrücken) fehlen oft

Wer lange nicht bewusst gelernt hat, vergisst auch die Lernmethoden. Oder er erinnert sich in Bruchstücken an Lerntechniken aus grauer Vorzeit. Moderne Lerntechniken – insbesondere auch unter Nutzung der modernen Informationstechnologien – sind manchmal nur wenig bekannt. Die Lerntechniken beschränken sich dabei nicht auf Tricks und Kniffe, wie man sich etwas merken kann. Viel wichtiger erscheinen Fähigkeiten, sich selbst Wissen zu beschaffen und zu bewerten, was mithilfe des Internets heute für fast jeden Schüler normal ist. Diese

Such- und Bewertungstechniken werden oftmals gar nicht als Lerntechniken erkannt. Es ergibt aber durchaus Sinn, den Lernenden am konkreten Objekt die Fähigkeit zu vermitteln, sich selbstständig Wissen zu beschaffen, zu strukturieren und zu bewerten. Das gilt für Facharbeiter genauso wie für Ingenieure.

Eine übersichtliche Gliederung fördert das Lernen

Die Lerngewohnheiten älterer Lernender sind in Zeiten entstanden, in denen das frontale Lernen dominierte. Diesen Fakt sollte man nie vergessen. Die frontale Wissensvermittlung wurde besonders dann als erfolgreich angesehen, wenn das Wissen in einer klaren inneren Logik dargeboten wurde. Meist war und ist es die innere Struktur des jeweiligen Fachgebietes, die als Basis dient. Dieses Festhalten an logischen Strukturen verliert sich nicht mit den Jahren, sondern wird eher stärker. Nicht zuletzt deswegen, weil Ältere weniger spontan und intuitiv handeln, sondern eher rational logisch abwägen.

Die Logik des Wissens sollte sich daher auch in den Lernangeboten widerspiegeln. Aus diesem Grund ist es durchaus sinnvoll, das zu vermittelnde Wissen in eine übersichtliche Gliederung einzuordnen. Das gilt auch für selbstorganisierte Lernprozesse, was zugegebenermaßen hohe Anforderungen an die pädagogische Unterstützung des Selbstlernens hervorruft. Die logische Anordnung erleichtert nicht nur das Verstehen des Stoffes. Sie ermöglicht auch das Auffinden von Querverbindungen und die Wiederholung bereits abgeschlossener Inhalte. Außerdem vereinfacht sie die Einordnung des neuen Wissens in bereits bestehende Gedankengebäude und innere Modelle der Wirklichkeit.

Ältere lernen leichter im Ganzen als in Teilen

Der Erwerb neuen Wissens über komplexe Sachverhalte kann auf verschiedenen Wegen erfolgen. Entweder man beginnt mit den Einzelteilen und arbeitet sich dann schrittweise zum Gesamtsystem durch. Oder man schaut sich zunächst das komplexe Gesamtsystem hinsichtlich seiner Funktion und seiner Struktur an, um es dann in seine Teile aufzulösen. Oben habe ich bereits dargestellt, dass unser Hirn eine fantastische „Regelextraktionsmaschine" ist. Diese Fähigkeit sollte bei der Planung von Lernprozessen bewusst genutzt werden.

Für Ältere gilt, dass sie meist leichter im Ganzen als in Teilen lernen. Sie haben oft eine Art natürliches Gespür für die wichtigsten Merkmale komplexer Systeme oder für die zentralen Parameter komplizierter Prozesse. Die Hirnforscher sagen, sie können Informationen leichter miteinander verknüpfen und analysieren, weil die beiden Hirnhälften besser zusammenarbeiten als bei jüngeren Menschen.[90] Hinzu kommt, dass Temperament und kognitive Fähigkeiten miteinander korrespondieren. Ältere lassen sich nicht so schnell frustrieren und können besser mit Unsicherheiten umgehen. Hier hilft ihnen eine aus der Erfahrung entstandene Form von Intuition, die oft nur schwer erklärbar ist. Diese in der Praxis erprobte Fähigkeit bringen sie auch in den Lernprozess ein. Aus dem Gesamtverständnis für einen Vorgang, eine Maschine oder einen Inhalt zu den einzelnen Teilen vorzudringen fällt ihnen leichter, als aus vielen isolierten Einzelteilen nachträglich eine Einheit zu bilden. Das gilt im Maschinenbau genauso wie bei der Erkundung ökologischer Systeme oder bei der Anwendung elektronischer Geräte. Vor allem dann, wenn sie sich durch eigene Aktivitäten selbst ein Bild von dem Lerngegenstand machen können.

So nützlich die Beachtung von Besonderheiten im Lernverhalten Älterer ist, darf sie doch nicht zu falschen Schlüssen führen. Wir brauchen keine besondere Qualifizierung für Ältere, nur weil sie ein bestimmtes Lebensalter erreicht haben. Im Gegenteil, Jüngere und Ältere können sich nicht nur im Arbeits-, sondern auch im Lernprozess gut ergänzen. Kritisch wird es erst dann, wenn versäumt wird, die Älteren vom 40. oder 45. Lebensjahr an berufsbegleitend weiterzubilden. Oder wenn sie auf Arbeitsplätzen ausharren, die nur noch dem Broterwerb dienen und keine Chance zum Weiterlernen bieten. Ob dann allerdings eine altersgerechte Gestaltung der Weiterbildung auf Anhieb hilft, darf ebenso bezweifelt werden wie die Möglichkeit, einen völlig untrainierten Antisportler durch spezifische Trainingsmethoden binnen kürzester Zeit an die Spitze seiner Altersgruppe heranzuführen. In Wahrheit wird es wohl darum gehen, die Versäumnisse der Vergangenheit schrittweise auszugleichen. Ob man dann allerdings noch zu Spitzenleistungen vorstoßen kann, ist eine offene Frage.

Lebenslanges Lernen – Lust oder Last?

Nach den bisherigen Ausführungen ist sicher klar geworden, dass ständiges Weiterlernen in der Wissensgesellschaft Grundvoraussetzung ist, um nicht mit Fünfundvierzig oder Fünfzig endgültig den Anschluss zu verlieren. Weiterbildung wird damit gewissermaßen zum kategorischen Imperativ. In der Theorie ist das schon lange bekannt.

So spricht man davon, dass die Ausbreitung des lebenslangen Lernens ähnlich gesehen werden kann wie die Universalisierung der Schulpflicht.[91] Lernte in früheren Jahrhunderten nur ein kleiner Teil der Kinder und Jugendlichen in Lateinschulen Lesen und Schreiben, kann sich heute überhaupt keiner mehr vorstellen, einen großen Teil des Volkes ohne Schulbildung aufwachsen zu lassen. Ohne Grundkenntnisse in den Kulturtechniken Lesen, Schreiben und Rechnen war schon vor hundert Jahren in der Arbeitswelt kaum noch Platz. Mit der Zeit wurden im zwanzigsten Jahrhundert die Ansprüche immer größer. Lesen, Schreiben und Rechnen genügten nicht mehr in einer zunehmend komplexeren Gesellschaft. Die höhere Schulbildung und das Studium anstelle der Berufsausbildung erhielten immer mehr Zulauf. Heute gilt es wie schon bemerkt als einer der größten Mängel des deutschen Schulwesens, dass Kinder aus sozial benachteiligten Schichten wie z. B. Arbeiterhaushalten bei gleichen Leistungen viel seltener zum Gymnasium gehen oder studieren können als Kinder aus Akademiker-, Beamten- oder Unternehmerhaushalten.[92] Diese Kritik ist berechtigt, obwohl die meisten Kinder der mittleren und unteren Schichten eine Berufsausbildung durchlaufen und die Qualität der deutschen dualen Berufsausbildung weltweit Vergleichbares sucht. Trotzdem – die Bildungsexpansion ist trotz aller zeitweiligen Rückschläge nicht aufzuhalten.

So ähnlich – das ist zumindest die Vermutung – wird es auch mit der Weiterbildung und dem lebenslangen Lernen werden. Die Wissensgesellschaft ohne lebenslanges Lernen und Weiterbildung zu errichten, ist schlechthin unmöglich. Nicht allein, weil in ihr der „Rohstoff Wissen" zunehmend an die Stelle der traditionellen Produktionsfaktoren Boden, Arbeit und Kapital tritt. Noch wichtiger erscheinen mir die extreme Geschwindigkeit der Entwicklung in Technik und Produktion, die zunehmende Komplexität der Gesellschaft und die Unmöglichkeit, die Zukunft komplexer Systeme vorherzusehen.

Man braucht keine prophetischen Fähigkeiten, um trotz der im zweiten Kapitel erwähnten wenig erfreulichen Fakten zur Weiterbildung in Deutschland dem lebenslangen Lernen eine große Zukunft vorherzusagen. Sein Siegeszug setzt sich auf internationaler Ebene ungebremst fort. Für Staaten, Unternehmen und Individuen besteht nicht mehr die Frage, ob sie das lebensbegleitende Lernen fördern, sondern nur noch wie. Die alternde Gesellschaft erhöht nochmals die Anforderungen. Länger zu arbeiten, ist ohne lebensbegleitendes Lernen kaum vorstellbar. Irgendwann wird auch der schon 1970 formulierte Anspruch, die Weiterbildung zur vierten Säule des Bildungssystems zu entwickeln, Wirklichkeit werden. Damals war es der Strukturplan des Deutschen Bildungsrates[93], in dem entsprechende Zielstellungen verankert wurden. Heute finden sich analoge Formulierungen von der Weiterbildung als „4. Säule des Bildungssystems" im Koalitionsvertrag der Bundesregierung, in EU-Dokumenten, in Erklärungen der OECD und der UNESCO.

Die Weiterbildung habe, so heißt es, eine basale Funktion als Bestandteil eines ausgeweiteten Erziehungssystems. In einer Welt mit gesteigerten Entscheidungsspielräumen, aber auch gesteigerten Entscheidungszumutungen, erreicht sie eine dreifache Wirkung: Sie vermittelt an die erwachsenen Lernenden von ihrer Umgebung gesellschaftlich, kulturell und beruflich erwartetes Wissen. Sie schult die Fähigkeit, sich Wissen selbstorganisiert (darauf gehe ich später noch ein) beizubringen. Und sie hilft bei der Gestaltung der mitlaufenden Verlern- und Umlernprozesse.[94] Alles in allem sind das große Ziele, wobei die Aufzählung keinesfalls vollständig ist. Mancher Erwachsenenbildner wird möglicherweise die Ausprägung von Selbstbestimmung, von kritischer Distanz zur Gesellschaft oder von Möglichkeiten der individuellen Selbstverwirklichung vermissen. Nur hilft die Aufzählung von Zielen nicht weiter. Papier ist da wahrhaft geduldig, denn in der Praxis sind wir wie im dritten Kapitel dargestellt in Deutschland in Sachen Weiterbildung noch ziemlich zurück. Die skandinavischen Länder und Österreich sind da deutlich weiter. Von ihnen zu lernen, könnte auch in Deutschland neue Impulse in eine festgefahrene Situation bringen.

Wie das (neue) Lernen in der Weiterbildung gelingen kann

Befohlenes Lernen funktioniert in der Weiterbildung fast nie

Wenn man nach Lernformen sucht, die dem Lernverhalten Älterer entsprechen, ist es sinnvoll, eine Abgrenzung von bestimmten Pflichtveranstaltungen vorzunehmen, die möglicherweise gar nicht die Bezeichnung Weiterbildung verdienen. In ihnen wird Wissen vorgetragen, ohne die Frage zu stellen, ob die Teilnehmer dieses Wissen haben wollen oder ob sie in der Lage sind, aus dem Wissen für sich selbst Schlussfolgerungen abzuleiten. Eine Folie folgt der nächsten, und eigentlich ist auch bei den gutwilligen Teilnehmern nach einer Stunde das Aufnahmevermögen restlos erschöpft. Mal geht es um Arbeitsschutz, mal um neue Richtlinien der Firmenleitung oder um Veränderungen von gesetzlichen Grundlagen. Die Teilnahme an solchen Veranstaltungen ist in erster Linie eine Pflicht, die man zu erledigen hat. Nach der Veranstaltung bekommen die Teilnehmer ein Zertifikat oder unterschreiben auf einer Liste, die dann in einer Ablage landet. Alle Beteiligten sind zufrieden, denn sie haben ihrer Pflicht Genüge getan. Bei Bedarf kann die Firmenleitung immer sagen: Die Mitarbeiter waren belehrt, sie haben sogar unterschrieben.

Solche Formen von Weiterbildung oder besser Belehrung lassen sich im normalen Unternehmensalltag nicht immer vermeiden. Ihr grundlegender Mangel besteht aber in dem fehlenden Bezug zwischen den Interessen der Teilnehmer auf der einen und den angebotenen Inhalten auf der anderen Seite.

Diese Differenz ist aber einer der sichersten Wege, um effektives Lernen zu verhindern. Wer nicht lernen will, kann auch durch ein raffiniertes Lernarrangement nur bedingt aus seiner

Lethargie gerissen werden. In solchen „Pflichtveranstaltungen"
können qualifizierte Dozenten eine gute Show bieten, in deren
Ergebnis die Teilnehmer sich etwas weniger langweilen. Sie mögen auch durch ihre persönliche Ausstrahlung, multimediale
Techniken, interessante Beispiele usw. die Front des Desinteres-
ses etwas aufbrechen – etwa so, wie das ein guter Showmaster
kann. Echte Lernmotivation können sie dennoch nur in begrenztem Maße vermitteln. Die müssen die Lernenden schon selbst
entwickeln, wobei die Vortragenden gewiss Impulse zu geben
vermögen. Um es deutlich zu sagen: Diese weitverbreitete Art
von Weiterbildung klammere ich aus, wenn ich nachfolgend zu
erklären versuche, wie Weiterbildung erwachsenengerecht und
damit auch den Anforderungen Älterer entsprechend gestaltet
werden kann.

Effektives Lernen erfordert eigene Lernziele

Es geht vor allem um eines: um die Gestaltung von Lernprozessen, in denen die Teilnehmer auch bereit sind zu lernen. Ältere –
so hieß es im letzten Kapitel – brauchen ein möglichst klares
Ziel für das Lernen. Ein Ziel, welches möglichst nicht in fer-
ner Zukunft liegt, sondern sich in Reichweite befindet. Ein Ziel,
welches entweder mit inneren (intrinsischen) Motiven korres-
pondiert, wie das bei manchen älteren Teilnehmern an Sprach-
kursen zu beobachten ist. Ich wollte schon mein Leben lang
Italienisch lernen, jetzt habe ich endlich Zeit dafür, sagte mir
letztens eine ältere Dame. Oder das Ziel ist das Resultat äußerer
Zwänge im Sinne einer extrinsischen Motivation. Zwänge, die
im wahrsten Sinne des Wortes die Existenz bedrohende Formen
annehmen können. Auch hier können Sprachkurse – z. B. in
Business-Englisch – als Beispiel dienen. Wenn die Firma dem
Globalisierungstrend folgend versucht, neue Märkte zu erobern,
können sich auch ältere Mitarbeiter kaum verweigern. Andere
Beispiele sind sinnvolle Kurse für Erwerbslose, in denen sie auf
einen neuen Job vorbereitet werden. Natürlich reicht der äußeren Zwang nicht, um vernünftig zu lernen. Je mehr das „Ich
muss lernen!" zum „Ich will lernen!" wird, desto besser sind im
Endeffekt die Lernresultate.

Selbst bei Kindern funktioniert es nur sehr bedingt, sie durch Druck zum Lernen zu zwingen. Wenn manche Politiker, Unternehmensvertreter oder sogar Eltern nach einer Pädagogik rufen, in der die Motivation zum Lernen notfalls mit dem Rohrstock erzeugt wird, zeigen sie nur eines: Sie haben sehr wenig begriffen von den Anforderungen im 21. Jahrhundert, sondern sind irgendwie im 19. Jahrhundert verblieben. Damals genügte es, den Kindern des Volkes Lesen, Schreiben und den Katechismus einzutrichten. Vor allem aber sollten sie lernen zu gehorchen. In unserer komplexen Welt sind das keine hinreichenden Bedingungen, um im Leben und vor allem im Beruf klarzukommen.

Dafür spricht z. B. eine vom Bundesinstitut für Berufsbildung durchgeführte Befragung von 350 Berufsbildungsexperten und 253 Auszubildenden zum Thema „Ausbildungsreife von Jugendlichen". Untersucht wurden die Voraussetzungen für die erfolgreiche Absolvierung einer dualen Berufsausbildung unter Beachtung der Anforderungen, die moderne Berufe stellen. Die Befragung der Berufsbildungsexperten ergab, dass solche Eigenschaften wie Zuverlässigkeit und die Bereitschaft zu lernen zu den wichtigsten Voraussetzungen für den erfolgreichen Eintritt in die Berufswelt gehören. Interessanterweise kommen in der Studie befragte Jugendliche zu ähnlichen Ergebnissen. Auch für sie stehen Zuverlässigkeit, die Bereitschaft zu lernen und die Bereitschaft zur Leistung weit vorn. Beide Gruppen setzen motivationale, personale und soziale Kompetenzen an die Spitze der Anforderungen, um eine Berufsausbildung erfolgreich zu bestehen. Und das wohlgemerkt nicht für zukünftige Führungskräfte, sondern für Facharbeiter.[95] Die Studie widerspricht übrigens auch pauschalen Vorurteilen, die lauthals die Qualität der heutigen Jugend beklagen. Vielmehr kommt sie zu dem Ergebnis, dass man zwar von gesunkenen Teilqualifikationen (z. B. Konzentrationsfähigkeit, Beherrschung der Grundrechenarten), aber nicht von einer insgesamt gesunkenen Ausbildungsreife sprechen kann.

Doch zurück zu den Älteren. Was bei Kindern und Jugendlichen schon kaum funktioniert, hat bei Älteren erst recht kaum eine Chance. Sie zum Lernen zu zwingen, ist ein Ziel, an dem schon ganze Generationen von wohlmeinenden Dozenten aus der Erwachsenenbildung gescheitert sind. Es muss einen anderen Weg geben, das Lernen Älterer zu forcieren. Und genau damit sind wir bei der Gestaltung der Lernprozesse.

Rebellion gegen unzureichende Lernkonzepte und fehlende Lernmotive

Die Anforderungen Älterer an die Gestaltung von Lernprozessen entstehen nur teilweise durch das etwas höhere Alter. Ältere fordern vielmehr oftmals nur mit etwas mehr Nachdruck Lernangebote ein, die der guten Praxis für das Lernen Erwachsener entsprechen. Werden sie mit unbefriedigenden Formen des Lernens konfrontiert, sind sie oftmals einfach nicht bereit, diese hinzunehmen. Viele von ihnen verstehen Bildung vor allem als eine Dienstleistung, bei der die Qualität stimmen muss. Qualität in dem Sinne, dass der Lernprozess als gemeinsame Aktivität von Lehrenden und Lernenden auch tatsächlich zu einem Ergebnis führt. Das beginnt mit einer überzeugenden Antwort auf die Frage, warum sie eigentlich lernen sollen, hört damit aber noch lange nicht auf.

So wie Ältere (und Jüngere) auf unzureichende Arbeitsbedingungen mit innerer Kündigung reagieren, verweigern sie bei unzureichenden Bildungsangeboten ihre Mitwirkung. Meist nicht durch lauten Protest, sondern eher durch Abschalten oder Blockade. Sie machen einfach nicht mehr mit. Erlernen komplexer Zusammenhänge abseits einfachen Drills geht aber nur, wenn man auch bereit ist zu lernen. Äußerer Druck durch Lernkontrollen oder ähnliche Mechanismen helfen da allein nicht weiter. Denn Ältere lassen sich nicht so leicht dazu bringen, den äußeren Druck in Lernhandlungen zu überführen. Viele wollen das nicht, manche können es auch nicht. Je stärker der Druck, desto größer wird die Gefahr einer völligen Blockade. Dann reicht es möglicherweise nicht einmal mehr zum defensiven Lernen, wie ich es oben beschrieben habe. Blockaden entstehen entweder gewollt, weil der Lernende einfach nicht bereit ist, seine Persönlichkeit zu verleugnen, oder ungewollt, weil die innere Gelassenheit für erfolgreiches Lernen fehlt und die Gedanken Karussell fahren.

Es wäre aber falsch, die schon im dritten Kapitel geschilderte Benachteiligung Älterer in der beruflichen Weiterbildung vordergründig auf ihre Verweigerung gegenüber unzureichenden Bildungskonzepten zurückzuführen. Bekanntlich nehmen ältere Beschäftigte seltener als Jüngere an betrieblichen Weiterbildungsmaßnahmen teil. Bei der Qualifizierung von Erwerbslosen haben sie häufig das Nachsehen. Und nicht zuletzt fällt vielen Älteren die Vorstellung schwer, eigenes Geld in ihre Weiterbildung zu investieren.

Die Ursachen für die Benachteiligung liegen gleichermaßen in der Gesellschaft und den einzelnen Personen. Wenn Unternehmen Ältere von der Weiterbildung ausschließen, dann machen sie das noch immer aus der Überlegung heraus, dass dieser Personenkreis ohnehin bald das Unternehmen verlässt. Ähnliches gilt für ältere Erwerbslose, die keine Weiterbildungsangebote bekommen. Vor einigen Jahren hat das ja auch noch gestimmt. Vorruhestand mit 57, da war eine teure Weiterbildung mit 55 wenig effektiv. Auch die älteren Erwerbstätigen stellten sich zu Recht die Frage, ob die Mühe des Lernens für die kurze verbleibende Zeit der Berufstätigkeit noch lohnt. War es nicht besser, die Kraft auf die Vorbereitung der goldenen Pensionsjahre zu lenken? Heute wird dieses Argument zunehmen brüchig. Sicher, Konzerne wie die Telekom, Allianz oder Siemens oder der öffentliche Dienst greifen noch zu gern nach dem Instrument des Vorruhestandes, um bei Entlassungen sogenannte sozialverträgliche Lösungen anzubieten.

Bei Mittelständlern sieht das schon anders aus. Ihnen sitzt das Gespenst des drohenden Fachkräftemangels im Nacken,[96] und viele von ihnen können gar nicht ohne Probleme auf die Älteren verzichten. Wer gibt schon Geld für Vorruhestandsregelungen aus, wenn er dann nicht in der Lage ist, adäquaten Nachwuchs bereitzustellen. Für den Personenkreis aus solchen Unternehmen oder auch für Erwerbslose, denen die Möglichkeit einer Frühverrentung zunehmend versperrt wird, ist die Rente mit 65 Jahren plus x Monate plötzlich kein fernes Szenario, sondern Realität. Schon einfache Zahlen führen da manchmal zu betroffenem Nachdenken. Ich habe mehrfach erlebt, wie in Veranstaltungen der Verweis auf real bevorstehende 15 oder 16 Berufsjahre für Fünfzigjährige entweder Proteste oder zumindest Betroffenheit bei den angesprochenen Personen hervorgerufen hat. Etwas abstrakt zu wissen und das Wissen auf die eigene Person zu beziehen, sind offensichtlich zwei sehr unterschiedliche Sachen.

Modellprojekte zeigen den Weg

Noch immer ist die Frage offen, wie die Qualifizierung Älterer so gestaltet werden kann, dass die Potenziale des expansiven bzw. selbstbestimmten Lernens zum Tragen kommen. Auf der Suche nach gelungenen Beispielen wird man am ehesten bei modellhaften Qualifizierungsprojekten für Ältere fündig. Auf diesem Gebiet hat sich viel getan. Einerseits gibt es eine Menge von Betrieben, die das Thema durchaus ernst nehmen und selber anfangen zu experimentieren. Meist ist es die Sorge, in einigen Jahren einen gravierenden Fachkräftemangel zu erleben, welche die Unternehmen zum Handeln animiert. Zwar sind wir von einem flächendeckenden Fachkräftemangel im Augenblick noch ein Stück entfernt. Aber der schon beobachtbare selektive Fachkräftemangel bringt manche Personalverantwortlichen zum Nachdenken über die Zukunft.

Noch umfangreicher sind die öffentlich geförderten Modellprojekte. Insbesondere mit Mitteln des Europäischen Sozialfonds, aber auch mit Mitteln des Bundes und der Länder wurde und wird eine Vielzahl von Maßnahmen auf den Weg gebracht. So hat die Bundesregierung unter Gerhard Schröder kurz vor ihrer Abwahl einen Wettbewerb gestartet, in dessen Rahmen für mehr als 50 Projekte jeweils maximal 5 Millionen Euro bereitgestellt wurden, um neue Wege für die Reintegration älterer ALG-II-Empfänger in die Arbeitswelt zu erproben.[97] Entstanden sind eine große Anzahl hochinteressanter Projekte, die fast durchgängig das gleiche Ziel verfolgen: Sie sollen erproben, mit welchen Instrumenten es möglich ist, die Beschäftigungschancen Älterer zu erhöhen und ihnen ein menschenwürdiges Leben unter den Bedingungen einer Gesellschaft zu ermöglichen, die Alter immer noch als einen persönlichen Mangel ansieht. Auch die Europäische Union ist auf diesem Gebiet aktiv. In ihren Dokumenten benennt sie den demografischen Wandel und insbesondere die alternde Gesellschaft mit ihren Auswirkungen auf den Arbeitsmarkt als eine der größten Herausforderungen für Europa. Sie fördert transnationale Projekte,[98] in denen Akteure aus verschiedenen Ländern gemeinsam Strategien zum Umgang mit dem demografischen Wandel entwickeln und erproben sollen.

Weiterbildung und Qualifizierung sind in den verschiedenen Projekten nur ein – wenn auch wichtiger – Teil der Aktivitäten.

Ich will gar nicht erst den Versuch unternehmen, die Vielzahl der arbeitsmarktpolitischen Instrumente zu diskutieren, die zur Debatte stehen. Das würde nicht nur den Rahmen dieses Kapitels sprengen, sondern den Charakter des ganzen Buches ändern. Beschränken wir uns daher auf die Frage, was solche Modellprojekte leisten können, um wirksame Qualifizierungskonzepte zur Verbesserung der Arbeitsmarktchancen und der persönlichen Situation Älterer zu entwickeln. So ganz einfach ist die Antwort darauf nicht. Viele sogenannte Modellprojekte zerbröseln in dem Widerspruch zwischen hochtrabenden Erwartungen bzw. Ankündigungen und den erreichten Ergebnissen. Andere wirken wie Exoten in einem Meer von Standardvorhaben, wie sie z. B. von der Bundesagentur für Arbeit finanziert werden. Exoten, die nur unter speziellen Rahmenbedingungen funktionieren. Weitere werden von der Zeit schlicht überholt. Wenn ihre Ergebnisse vorliegen, haben sich bestimmte Rahmenbedingungen wie z. B. Gesetze oder Bedingungen am Arbeitsmarktmarkt so stark verändert, dass kaum Möglichkeiten für eine Wiederholung bestehen. Und dennoch haben funktionierende Modellbeispiele einen unschätzbaren Vorteil: Sie öffnen den Blick für neue Möglichkeiten und zeigen damit, dass es durchaus Chancen und Alternativen für Ältere gibt. Und sie ermöglichen es, bestimmte Zusammenhänge und Wirkmechanismen transparent zu machen und damit besser zu verstehen.

Die in Modellprojekten erprobten Zusammenhänge und Wirkmechanismen betreffen vor allem die Frage, wie eine Qualifizierung gelingen kann, die das Lernverhalten Älterer berücksichtigt und gleichzeitig zur Entwicklung von Fach- und Sozialkompetenz führt. Welche Strukturen haben erfolgreiche Bildungsangebote für Ältere? Wie kann es gelingen, die Merkmale des Lernverhaltens Älterer erfolgreich aufzugreifen? Dazu zählen bekanntlich eine hohe Bedeutung von Lernmotivation und eigenen Lernaktivitäten, der Vorzug des Lernens im Ganzen gegenüber dem in Teilen, aber auch Probleme bei hoher Geschwindigkeit der Stoffdarbietung oder fehlende Lerntechniken.

Es gibt viele Wege, um Lernprozesse den Anforderungen Älterer entsprechend zu gestalten, und noch viel mehr Modellprojekte, in denen sie erprobt werden. Ich will nachfolgend exemplarisch ein Beispiel erläutern, welches unter meiner Mitwirkung[99] entwickelt und bereits mehrfach erfolgreich umgesetzt wurde und wohl auch weiter umgesetzt wird. Es dient im Rahmen dieses Buches als Instrument oder Hilfsmittel für die Ableitung von übergreifenden Merkmalen erfolgreicher Lernprozesse für Ältere. Die Wahl dieses Beispiels hat den großen Vorteil, dass zu diesen Projekten authentische Erfahrungen vorliegen, die auch die Entstehungsgeschichte und Veränderungen im Prozess einschließen. Noch eines muss ich anmerken: Das nachfolgend erläuterte Projekt wurde nicht mit dem Ziel entwickelt, spezifische Angebote für Ältere auf den Weg zu bringen. Vielmehr stand der Gedanke im Vordergrund, dem Lernverhalten Erwachsener angepasste Methoden praktisch zu erproben. Erst im Prozess der Umsetzung stellte sich heraus, dass die Bildungsangebote stark von Älteren angenommen wurden bzw. Älteren halfen, sich den Anforderungen des Arbeitsmarktes zu stellen. Doch nun zum konkreten Beispiel!

Antwort auf Anforderungen von Unternehmen und Chance für Erwerbslose

Mir gegenüber sitzt Frau Maier (Name geändert). Sie ist 52 Jahre alt und arbeitet als Prokuristin in einem mittelständischen Industrieunternehmen. Vor einem Jahr war sie noch arbeitslos. Nein, nicht als kurze Zwischenphase zwischen zwei Anstellungen. 19 Monate saß sie zu Hause und schrieb eine Bewerbung nach der anderen. Positive Antworten bzw. Einladungen zu Vorstellungsgesprächen bekam sie nicht. Wie sie heute weiß, landeten die sorgfältig ausgefüllten Bewerbungsmappen gleich auf dem Stapel der Ablehnungen oder sogar im Papierkorb. Manche Unternehmen schickten sie sogar zurück. Die Begleitschreiben waren so gleichförmig wie inhaltsleer. Meist begannen sie mit der Feststellung, dass man sich für einen anderen Bewerber entschieden habe, und endeten mit der üblichen Floskel, man wünsche ihr für den weiteren Lebensweg viel Erfolg. Für sie wäre es schon ein Erfolg gewesen, irgendeine Stelle zu bekommen, gar nicht zu reden von einer Aufgabe, die ihrer Qualifikation entsprach. Und die konnte sich durchaus sehen lassen. Abschluss als Diplomingenieur, lange Jahre Berufserfahrung in leitender Stellung, Teilnahme an verschiedenen Weiterbildungskursen nach Übergang in die Arbeitslosigkeit, ehrenamtliches Engagement an verschiedenen Stellen. Das hätte doch ausreichen müssen für einen neuen Job. Sie war ja auch nicht anspruchsvoll und bereit, finanzielle Abstriche zu machen. Heute weiß sie, was sie damals ahnte. Für viele Firmen war ihr Alter ausschlaggebend für die Ablehnung. Nicht einmal die Briefe mit der Erklärung, man habe sich für einen anderen Kandidaten entschieden, entsprachen immer der Wahrheit. Bevor sie eine Frau über 50 einstellten, warteten viele Unternehmen lieber weiter ab. Auch ihre neue Firma würde möglicherweise noch auf den speziell für sie gebackenen Mitarbeiter warten, und sie wäre weiter arbeitslos, wenn es das nachfolgend beschriebene Projekt nicht gegeben hätte. Was ist das Besondere an ihm und warum unterscheidet es sich von den vielen anderen Vorhaben der beruflichen Weiterbildung?

Das Projekt trägt die Bezeichnung „Arbeitsplatzreife durch selbstorganisiertes Lernen am zukünftigen Arbeitsplatz". Es entstand nicht aus dem Wunsch heraus, Erwerbslosen den Weg in den ersten Arbeitsmarkt zu ebnen. Am Anfang stand vielmehr eine Herausforderung für eine Industrie- und Handelskammer, wie sie in der ganzen Bundesrepublik zu finden ist. Die IHK-Mitarbeiter stellten bei ihren häufigen Betriebskontakten immer wieder fest, dass viele Mittelständler enorme Schwierigkeiten hatten, einzelne Stellen für Fach- und Führungskräfte zu besetzen. Manchmal waren ausgewählte Stellen über Monate oder Jahre vakant. Das sind konkrete Erscheinungsformen des selektiven Fachkräftemangels. Die normalen Instrumente der Unternehmen reichten nicht, um die Probleme zu lösen. Arbeitslose wurden nach ersten wenig erfolgreichen Versuchen als ungeeignet betrachtet. Hochschulabsolventen technischer oder ökonomischer Fachrichtungen waren für die strukturschwache Region, in der das Projekt startete, schwer zu bekommen, und manches Unternehmen scheute auch den Aufwand, sie über längere Zeit einzuarbeiten. Für die Entwicklung eigener Mitarbeiter fehlte wegen der geringen Größe oft die Substanz. Insgesamt für viele Betriebe eine verfahrene Situation.

Vor diesem Hintergrund begannen Wissenschaftler und Bildungspraktiker zusammen mit mehreren Unternehmen ein neues Bildungsarrangement zu entwickeln. Auf seiner Grundlage sollten Erwerbslose für die Besetzung der offenen Stellen qualifiziert werden. In den Entwurf flossen langjährige Erfahrungen der beteiligten Partner zum selbstorganisierten Lernen in der Arbeit[100] und bei der Beratung der Unternehmen ein. Bei der Umsetzung dieses Ziels galt es eine Reihe von Rahmenbedingungen zu beachten, die weitgehend den Merkmalen des selektiven Fachkräftebedarfs entsprechen: So vielfältig wie die Unternehmen waren auch ihre Bedarfe. Es gab kaum zwei Stellen mit der gleichen inhaltlichen Ausrichtung. Die Unternehmen stellten hohe Anforderungen an die Motivation und die Selbststeuerungsfähigkeit der Bewerber. Sozialen Kompetenzen wurde ein enormer Stellenwert zugewiesen. In den Unternehmen gab es viele Vorbehalte gegen Erwerbslose. Diese Bedenken mussten im Projektverlauf ausgeräumt werden. Schließlich sollten die Bewerber nach erfolgter Qualifizierung sofort im Unternehmen einsatzbereit sein. Längere Einarbeitungszeiten wurden von den Unternehmen abgelehnt.

Grundstruktur des Projektes „Arbeitsplatzreife"

Aus den Rahmenbedingungen und den bereits vorhandenen Erfahrungen zum selbstgesteuerten, arbeitsintegrierten Lernen entstand eine Projektstruktur, die gleichermaßen die Erwartungen der Unternehmen und die Lern- und Leistungsvoraussetzungen der potenziellen Teilnehmer berücksichtigte.

Das Projekt startete mit Teilprojekt 1, der *Bedarfsanalyse*. Sie beinhaltete die Suche nach Unternehmen mit anspruchsvollen freien Stellen und der Bereitschaft zur Mitwirkung an der Qualifizierung. Dabei gab es eine Besonderheit: Nicht immer war den Unternehmensvertretern klar, ob sie Personal brauchten und welche Anforderungen an neue Mitarbeiter zu stellen waren. Oftmals führte das Gespräch sogar zu der Erkenntnis, dass bisher immer verschobene Entwicklungsvorhaben nunmehr mit zusätzlichem Personal möglich wurden. Die Schaffung neuer Arbeitsplätze und ihre Besetzung durch Erwerbslose bildeten dann eine Einheit. In den Unternehmen erfolgte – meist in mehreren Gesprächen – die detaillierte Beschreibung der zu besetzenden Arbeitsplätze. Die Anforderungsprofile enthielten eine Tätigkeitsbeschreibung sowie Aussagen zu den erforderlichen Kompetenzen. Soziale und personale Kompetenzen hatten dabei den gleichen Stellenwert wie Fachwissen. Auch unverzichtbare

Mindestvoraussetzungen (Was muss der Bewerber mindestens können?) wurden erfragt. Damit war schon die Grundrichtung einer zukünftigen Qualifizierung klar. Sie musste auf den konkreten Arbeitsplatz vorbereiten. Die Unternehmen äußerten zudem Vorstellungen zu biografischen Merkmalen potenzieller Bewerber. Dazu gehörten z. B. Alter und Berufserfahrungen. Oft dominierte bei den Unternehmen der Wunsch, Mitarbeiter im mittleren oder jüngeren Alter zu gewinnen. Dennoch gelang es in intensiven Diskussionen nicht selten, bei den Unternehmensvertretern Offenheit gegenüber der Erprobung älterer Mitarbeiter zu erzeugen. Manche Vorbehalte gegenüber Älteren erklärten sich auch aus dem Wunsch, die Altersstruktur der Unternehmen zu verjüngen, und hatten wenig mit generellen Zweifeln an deren Leistungsfähigkeit zu tun.

Das Teilprojekt 2 trägt die Bezeichnung *Auswahlprojekt*. Sein Anliegen war es, geeignete Erwerbslose auf die Chancen des Qualifizierungsangebotes hinzuweisen und sie auf ihre Eignung für eine der freien Stellen zu testen. Ansprache und Auswahl der Teilnehmer erfolgten in einem mehrstufigen Verfahren. Sie wurden durch Pressemeldungen oder die Arbeitsagenturen auf das Projekt hingewiesen, nahmen an Informationsveranstaltungen teil und bewarben sich um die Qualifizierungsplätze. Wer geeignet erschien, durchlief ein mehrtägiges Assessment und erhielt Gelegenheit, seine Fähigkeiten in dem Unternehmen zu erproben, für das er qualifiziert werden sollte. Natürlich war das auch eine wichtige Gelegenheit für die Unternehmen, sich einen Eindruck von den potenziellen Kandidaten zu verschaffen. Fast alle Projektteilnehmer standen dabei vor einem ähnlichen Problem. Um wieder in Arbeit zu kommen, mussten sie ihr bisheriges Arbeitsfeld verlassen und in einem neuen Fuß fassen. Vorhandene Kenntnisse und Fertigkeiten waren nur noch bedingt „brauchbar", und die am eventuellen neuen Arbeitsplatz erforderlichen Qualifikationen existierten nur in Ansätzen. Für diesen Neuanfang brauchten die Teilnehmer Mut und die Bereitschaft, sich auf neue Herausforderungen einzulassen. Sobald die Qualifizierungsteilnehmer feststanden, wurde schon in dieser Phase begonnen, die konkreten Qualifikations- und Kompetenzdefizite zu ermitteln. Sie ergaben sich durch Vergleich der vorhandenen Qualifikationen bzw. Kompetenzen mit den Erfordernissen des zukünftigen Arbeitsplatzes. Gewissermaßen nebenbei wurde in dieser Phase auch die für das Lernen zwingend erforderliche Motivation erzeugt. Sie resultierte aus dem Ziel der Teilnehmer, den in Reichweite befindlichen Arbeitsplatz dauerhaft zu besetzen. Sie wussten, dass dafür ein Zuwachs ihrer fachlichen und sozialen Kompetenzen notwendig war.

Erst nach diesen beiden Phasen begann Teilprojekt 3, das eigentliche *Qualifizierungsprojekt*. Nachdem die von den Unternehmen ausgewählten Bewerber ihren Bildungsgutschein erhalten hatten, fanden sich beim Bildungsträger bis zu 24 Teilnehmer/innen zur Qualifizierung für gleich viele, höchst unterschiedliche Unternehmen und Arbeitsplätze ein. Die Arbeitsplätze waren zudem über den ganzen IHK-Bezirk verstreut. Die Frage war nun: Wie konnte unter diesen Bedingungen eine effiziente Weiterbildung stattfinden? Das ging nur, indem die bisherigen Erfahrungen der Teilnehmer zur Gestaltung von Lernprozessen überwunden wurden. Im Zentrum stand selbstorganisiertes individuell gestaltetes Lernen. Es kam deshalb vor, dass Teilnehmer bei der Darstellung des Qualifizierungskonzepts mit unterschwelligem Widerstand äußerten: „Und ich dachte, wir haben in der Weiterbildung immer einen Dozenten!"

Das Konzept unterscheidet sich tatsächlich in mehrfacher Hinsicht von klassischen Bildungsangeboten. Das begann schon mit der Wahl des Lernortes. Die Teilnehmer fanden sich nur einen Tag pro Woche in der Bildungseinrichtung ein. Den Rest der Zeit lernten sie im Unternehmen. Nicht irgendwo, sondern auf ihrem zukünftigen Arbeitsplatz. Und nicht irgendwas, sondern das, was sie am zukünftigen Arbeitsplatz brauchten. Und nicht irgendwie, sondern selbstgesteuert in eigener Regie. Sie entwickelten mit Unterstützung der Lehrkräfte für sich selbst individuelle Weiterbildungspläne, die sie auch selbstständig abarbeiteten. Und sie lernten in konkreten betrieblichen Projekten, die ihnen mehr abverlangten, als sie im bisherigen Berufsleben erfahren hatten. Wie das genau geschah, lässt sich in Form von drei Prinzipien zusammenfassen, die nachfolgend erläutert werden.

Prinzipien bei der Umsetzung des Projektes „Arbeitsplatzreife"

Individualisierung des Lernens

Angesichts der heterogenen Lernziele der Teilnehmer/innen war von vornherein jeder Versuch aussichtslos, einheitliche Curricula für alle Teilnehmer zu erstellen, die dann schrittweise in der Kommunikation von Dozenten und Teilnehmern abgearbeitet werden. Selbst modulare Konzepte mit verschiedenen Qualifizierungsbausteinen waren den differenzierten Anforderungen der Praxis nicht gewachsen. Jeder Teilnehmer an der Qualifizierung brauchte einen eigenen Plan. Dieser Tatsache wurde durch die Entwicklung individueller Qualifizierungspläne Rechnung getragen. Für die Entwicklung solcher Pläne verglichen Lehrkräfte und Qualifizierungsteilnehmer gemeinsam die Anforderungen am zukünftigen Arbeitsplatz mit dem bereits vorhandenen Wissen und Können. Daraus entstand ein individueller Plan für jeden Teilnehmer. Das Fachwissen für die Auswahl der Lerninhalte musste der Teilnehmer, ggf. unterstützt von einem betrieblichen Betreuer, selbst einbringen. Die Lehrkräfte konnten meist nur als methodische Unterstützer wirken. So individuell wie der persönliche Plan waren auch die Wissensquellen für den Lernprozess: Recherchen im Internet, Fachbücher, zeitweilige Teilnahme an speziellen Kursen der IHK, Tele-Lernen, Lernen von Kollegen im Unternehmen oder von anderen Kursteilnehmern, Besuch von Kursen externer Bildungsanbieter – alles war möglich. Vorausgesetzt, es diente dem Erwerb der notwendigen Fähigkeiten und Kompetenzen. Bezahlbar musste es natürlich auch sein. Dieser Prozess wurde nicht dem Selbstlauf überlassen. Die Teilnehmer wurden ständig von Lehrkräften betreut und führten ein elektronisches Lerntagebuch, in dem sie ihre Aktivitäten dokumentierten. Stärkste Antriebskraft für das Lernen war aber nicht die Kontrolle. Als Antrieb wirkte die Aussicht auf den konkreten Arbeitsplatz.

Selbststeuerung des Lernens

Lernen erfolgt in traditionellen Veranstaltungen durch die Weitergabe von Wissen von den Dozenten an die Teilnehmer. Der Dozent steuert auf diese Weise den Lernprozess. Für den Teilnehmer verläuft der Lernprozess fremdgesteuert. Das gilt unabhängig vom Lerninhalt, und zwar nicht nur in Seminaren, sondern auch in Praktika, praktischen Unterweisungen und anderen ähnlichen Lernformen. Demgegenüber hatte im Projekt „Arbeitsplatzreife" jeder Teilnehmer einen individuellen Bildungsplan. Er suchte sich mit Unterstützung der Lehrkräfte selbst die Lerninhalte, die er für den späteren Arbeitsplatz braucht, und setzte sich mit diesen auseinander.

Das funktionierte nur, wenn der Lernende seinen Lernprozess selbst steuerte. Fremdgesteuertes Lernen wurde durch selbstgesteuertes Lernen ersetzt. Dem Lernenden war es „erlaubt" (besser: er war gezwungen), selbstbestimmte Entscheidungen darüber zu fällen, welche Lernziele er verfolgt, welche Lerninhalte er sich aneignet, welche Strategien, Methoden und Operationen des Lernens er anwendet und welche äußeren Lernbedingungen (z. B. Lernort) seinem Lernen „Inhalt und Form" geben. Selbstgesteuert verlief der Gesamtprozess, einzelne Lernsequenzen konnten durchaus durch Fremdsteuerung geprägt sein. Das betraf z. B. den einen Lerntag pro Woche in der Bildungseinrichtung und die individuelle Teilnahme an einzelnen kurzen Seminaren externer Anbieter. Letztere ordneten sich dann als Bausteine in den selbstgesteuerten Lernprozess ein.

Entwicklung von Handlungskompetenz durch selbstgesteuertes Lernen in der Arbeit

Bisher habe ich dargestellt, wie sich die Teilnehmer durch selbstgesteuertes Lernen Wissen aneignen. Wissen allein ergibt aber noch keine Handlungsfähigkeit am zukünftigen Arbeitsplatz. Es ist auch kein Garant für die Entwicklung von Sozialkompetenz und Motivation; zwei Eigenschaften, auf welche die Unternehmer enormen Wert legen. Um Kompetenzen auszuprägen, ist vor allem eines notwendig: Handeln in konkreten beruflichen Situationen. Etwas selbst zu tun, ist die wirkungsvollste Methode, etwas zu lernen. Das gilt schon in der Grundschule und noch viel mehr in der Erwachsenenbildung.

Im Qualifizierungsprojekt „Arbeitsplatzreife" wurden diese Grundsätze berücksichtigt, indem jeder Teilnehmer ein sogenanntes individuelles Lernprojekt bearbeitete. Individuelle Lernprojekte sind betriebliche Aufgabenstellungen, die aus der

Tätigkeit am zukünftigen Arbeitsplatz abgeleitet werden. Das individuelle Lernprojekt wurde als Aufgabe gemeinsam von dem Lernenden und dem betrieblichen Betreuer formuliert. Die Aufgabe musste so anspruchsvoll sein, dass bei ihrer Bearbeitung immer wieder der Zwang entstand, sich selbstständig neues Wissen anzueignen. Wissen, welches für die Lösung einer speziellen (Teil-)Aufgabe benötigt wurde. Gleichzeitig durfte die Aufgabe den Lernenden aber nicht überfordern, sonst hätte er aufgegeben.

Durch das individuelle Lernprojekt wurden die vielen bisher dargestellten Facetten bzw. Methoden und Inhalte des Lernens auf ein greifbares, praktisches Ziel fokussiert. Der Lernende erfuhr bei seiner Bearbeitung jeden Tag erneut, wofür er lernte. Die Individualisierung des Lernens erhielt eine weitere Komponente, die über den individuellen Qualifizierungsplan hinausging. Praktisch jeden Tag konnten aus der Beschäftigung mit dem Lernprojekt neue Qualifizierungsbedarfe entstehen. Eine langfristige Planung dieses Teils des Lernens war kaum möglich. Vor allem aber war die Bearbeitung des Lernprojektes kein Trockenschwimmen. Die Aufgaben waren real, die Ergebnisse wurden von den Unternehmen gebraucht. Die Lernenden erwarben berufliche Handlungskompetenz mit allen ihren Facetten. Dazu gehörten gleichermaßen Sach-, Methoden- und Sozialkompetenz. Natürlich bestand bei der Gestaltung von Lernprozessen als Projektarbeit die Gefahr, dass der Aspekt des Lernens in den Hintergrund tritt. Daher sorgten die begleitenden Lehrkräfte immer wieder für eine Reflexion des Lernprozesses und der Lernergebnisse. Die Teilnehmer wurden angehalten zu dokumentieren, welches Wissen und Können sie bei der Bearbeitung des Lernprozesses erworben hatten.

Die Rolle von Lehrenden und Lernenden

In traditionellen Bildungsmaßnahmen ist die Rollenverteilung zwischen Lehrenden und Lernenden klar fixiert. Die Lehrenden verfügen über Wissen, welches sie den Lernenden vermitteln. Unter Nutzung ihrer methodischen Erfahrungen leiten sie die Lernenden im Lernprozess an. Im Projekt „Arbeitsplatzreife" stellte sich das Verhältnis zwischen Lehrenden und Lernenden ganz anders dar. Die den Prozess begleitenden Lehrenden konnten gar nicht über all das Wissen verfügen, welches die Teilnehmer brauchten. Da jeder Teilnehmer in einem anderen Unternehmen lernte, standen die Lehrkräfte auch immer nur kurze Zeit während ihrer Besuche im Unternehmen zur Verfügung. Welche Rolle ergab sich dann für sie? Und war diese Rolle überhaupt auszufüllen? Beide Fragen sind berechtigt.

Um es kurz zu sagen: Die den Prozess begleitenden Mitarbeiter der Bildungseinrichtung waren keine Lehrkräfte mehr, sondern Lernbegleiter. Ihre Aufgabe bestand weder in der Wissensvermittlung noch in der Organisation einzelner Lerneinheiten. Das mussten die Lernenden schon selbst erledigen. Die Lernbegleiter hatten andere Aufgaben. Sie halfen den Lernenden, ihren eigenen Lernprozess zu strukturieren. Das beinhaltete die Bestimmung des Lernbedarfs, die Ableitung von Lernzielen, die Auswahl von Lerninhalten (einschließlich Anbietern von externen Kursen und Medien) und die Kontrolle des Lernerfolgs. Dafür nutzten Lernbegleiter und Lernende gemeinsam Planungsinstrumente und sonstige Hilfsmaterialien. Die Lernbegleiter hatten auch die Aufgabe, die Zusammenarbeit zwischen den Lernenden und ihren betrieblichen Betreuern zu unterstützen, und sie halfen den Lernenden bei der Reflexion ihrer Lernergebnisse. Das betraf z. B. die Lerninhalte bei der Bearbeitung des betrieblichen Lernprojektes.

Im Projekt „Arbeitsplatzreife" wurde die Selbstmotivation der Lernenden großgeschrieben. Die Lernenden wurden aber nicht sich selbst überlassen. Die Arbeit der Lernbegleiter schloss auch immer Momente der Fremdmotivation und der Kontrolle ein. Im Zweifelsfall konnte der Lernberater einen Lernenden auch mal sehr deutlich daran erinnern, wofür er lernt und was am Ende herauskommen muss. Dabei agierten die Lernberater eher wie betriebliche Führungskräfte, die ja auch letztendlich für die Arbeitsergebnisse ihrer Mitarbeiterinnen und Mitarbeiter Verantwortung tragen. Nur dass hier als Arbeitsergebnis neben den Resultaten der Lernprojekte vor allem der Aufbau von Handlungskompetenz und in letzter Konsequenz die Einstellung der Lernenden durch das Unternehmen zählte.

Neben diesen Lernbegleitern gab es im Projekt für einzelne kurze Lernsequenzen natürlich auch klassische Dozenten. Mit ihnen wurden die Teilnehmer konfrontiert, wenn sie einzeln externe Seminare besuchten oder in kleinen Gruppen einen Tag in der Woche in der Bildungseinrichtung spezielle Themen behandelten. In diesen Kleingruppen konnten auch einzelne Teilnehmer mit speziellen Kenntnissen und Erfahrungen zeitweilig die Rolle der Lehrkraft übernehmen. Überhaupt wurde das Lernen voneinander großgeschrieben. Das galt sowohl für die Teilnehmer als auch für ihre Zusammenarbeit mit ihren zukünftigen Kollegen im Unternehmen einschließlich dem betrieblichem Betreuer. Manchmal kam es dabei auch zu Konflikten, wenn Mitarbeiter aus den Unternehmen ihr Know-how lieber abschirmten, als es an potenzielle Kollegen und damit auch Konkurrenten weiterzugeben. Die Situation war dabei nicht viel anders als zwischen Kollegen eines Unternehmens, die ja auch nicht immer nur auf Kooperation aus sind. In vielen Fällen lässt sich eine strikte Abgrenzung beobachten, die im deutlichen Gegensatz zu offiziellen Leitsprüchen der Unternehmen steht.

Wie weit entspricht das Beispiel dem Lernverhalten Älterer?

Aus dem Beispiel lassen sich bestimmte Prinzipien des Lernens herausfiltern. Das Lernen erfolgt individuell, selbstgesteuert, kompetenzentwickelnd, unter Nutzung verschiedener Lernorte und mit veränderten Funktionen von Lehrenden und Lernenden. Im sechsten Kapitel habe ich dargestellt, welche Merkmale das Lernverhalten und das Lernvermögen Älterer auszeichnen. Gibt es zwischen den Prinzipien aus dem Beispiel und den Merkmalen des Lernverhaltens Älterer Übereinstimmung? Wenn ja, wie äußern sie sich? Versuchen wir, diese Fragen schrittweise zu beantworten, indem wir die Merkmale des Lernverhaltens Älterer nochmals einzeln durchgehen.

An der Spitze der Aufzählung stand die hohe Bedeutung der Lernmotivation. Diese kann extrinsischer oder intrinsischer Natur sein. Im Projekt „Arbeitsplatzreife" war es die Aussicht auf einen konkreten Arbeitsplatz, der die Erwerbslosen zum Lernen animierte. Hinzu kam die Tatsache, dass sie selbst die Lerninhalte bestimmten und genau wussten, dass diese für ihre spätere Tätigkeit benötigt wurden. Eine besondere Rolle hatten die Lernprojekte. Hier wurde während der Arbeit gelernt, ohne dass der Lernprozess immer im Bewusstsein war. Die Lernbegleiter hatten sogar die Aufgabe, die Teilnehmer zur Reflexion des Gelernten zu bewegen. Auf diese Weise wurde das unbewusste Lernen zum bewussten Lernen. Erworbenes Wissen wurde systematisiert und in den Kontext des vorhandenen Wissens eingeordnet. Die Motivation für die Lernprozesse kam fast durchgängig von innen, sie war intrinsischer Natur. Nur wenn die Lernbegleiter einzelne Teilnehmer an ihre Arbeits- und Lernaufgaben erinnern mussten, kamen Elemente extrinsischer Motivation hinzu.

Das nächste Merkmal lautet: Eigene Lernaktivitäten haben für Ältere eine hohe Bedeutung. Wie sieht es damit im Modellprojekt „Arbeitsplatzreife" aus? Die Frage ist schnell beantwortet. Das Lernen im Projekt war durchgängig durch eigene Lernaktivitäten gekennzeichnet. Die Teilnehmer entwickelten ihren eigenen Plan für das Lernen, suchten sich selbst das notwendige Wissen zusammen und verarbeiteten es weitgehend selbstständig. Das galt für den Erwerb von grundlegendem Wissen durch Abarbeitung des individuellen Lernplanes und in noch stärkerem Maße für die Bearbeitung der Lernprojekte. Die Teilnehmer organisierten ihr Lernen weitgehend selbst. Auch die Teilnahme an externen Seminaren, die nach den Grundsätzen der Belehrungsdidaktik aufgebaut waren, bildete da keine Ausnahme. Zwar erfolgte die Wissensvermittlung hier fremdgesteuert, aber die Teilnehmer wussten während des Seminars genau, wofür sie dieses Wissen schon wenige Tage später brauchen würden. Das Seminar hatte dann eine ähnliche Rolle wie die selbstorganisierte Auseinandersetzung mit einem Fachbuch. Nur war es oftmals viel effektiver, das Wissen für die anstehenden Aufgaben von einem Spezialisten in kompakter Form zu übernehmen. Die eigenen Lernaktivitäten umfassten in diesem Fall die Bestimmung des Wissensbedarfs, die Auswahl der Wissensquelle, die Übernahme des Wissens in strukturierter Form und vor allem die Anwendung des Wissens im unmittelbar folgenden Arbeitsprozess. Gerade Letzteres bildet einen entscheidenden Bestandteil des Lernprozesses. Erst durch die Anwendung wurden aus dem übernommenen Wissen Kompetenzen, wie sie für den Arbeitsprozess notwendig waren. Die Lernbegleiter und auch die betrieblichen Betreuer unterstützten diesen Prozess nach Kräften.

Die bei Älteren zu beobachtende Überlastung durch eine hohe Geschwindigkeit der Stoffdarbietung konnte im Projekt eigentlich nur während der Teilnahme an externen Seminaren auftreten. Tatsächlich war sie dort auch nicht ganz zu vermeiden. Dadurch entstandene Probleme wurden meist durch eine intensive Nacharbeit mit Unterstützung der Lernbegleiter überwunden. Auch die Kooperation mit anderen Lehrgangsteilnehmern half hier weiter. Darüber hinaus konnte es während des selbstorganisierten Lernens kaum zu solchen Überlastungen kommen. Schließlich bestimmten die Teilnehmer selbst, wie schnell sie lernten. Wenn es dennoch zu Problemen kam, so glichen sie eher den bei vielen Beschäftigten im Arbeitsprozess tagtäglich zu beobachtenden angespannten Arbeitsphasen, in denen immer wieder Überforderungen auftreten. Auch dort bildet die Erreichung qualitativer und quantitativer Ziele eine Einheit mit der selbstständigen Generierung und Anwendung von neuem Wissen und Können.

Älteren fehlen manchmal Lerntechniken. Sie haben Probleme, sich sogenannte Eselsbrücken zu bauen, was auch als Kodierungsschwäche bezeichnet wird. Diese Probleme traten auch im Projekt auf. Mithilfe der Lernbegleiter gelang es schrittweise, sie zu überwinden. Hinzu kam ein weiterer Faktor: Das selbst organiserte Lernen war für junge und für ältere Projektteilnehmer gleichermaßen ungewohnt. Keine der beiden Gruppen verfügte über ausreichende Erfahrungen, wie man den Lernprozess selbst strukturiert, wie man sich Wissen selbst zusammensucht und wie man neues Wissen zu Kompetenzen für den Arbeitsplatz entwickelt. Die Folge war, dass sich alle Altersgruppen mit dieser neuen Form des Lernens auseinandersetzen mussten. Die Vorteile Älterer und Jüngerer waren dabei ziemlich gleichmäßig verteilt. Manchen Jüngeren fiel es leichter, sich notwendiges Wissen aus dem Internet oder anderen Wissensquellen zu besorgen. Manche Ältere hatten in früheren Jahren ein Fernstudium absolviert und konnten daran anknüpfen. Zwischen den Teilnehmern entwickelte sich ein reges Geben und Nehmen, das auch den Austausch von Lerntechniken einschloss.

Ältere lernen leichter, wenn der Lehrstoff übersichtlich gegliedert ist. Hinzu kommt, dass Ältere mit sinnlosem bzw. ihnen sinnlos erscheinendem Material schlechter lernen als Jüngere. Wenn sie die Sinnzusammenhänge des (Lern-) Materials verstehen, sind die Lernleistungen durchaus vergleichbar. Wie sieht es mit der Berücksichtigung dieser Umstände im Projekt aus? Auch hierzu ergibt sich die Antwort aus der Art des Lernens.

Die Teilnehmer mussten sich ihre Lernunterlagen mitmilfe der Lernbegleiter selbst zusammenstellen. Am Ende des Kurses war nicht abprüfbares Wissen, sondern Handlungskompetenz gefragt. Dass die Teilnehmer unter diesen Umständen bemüht waren, die Lernunterlagen möglichst klar zu gliedern und nur solche Materialien auszuwählen, deren Sinn für sie einsichtig war, versteht sich fast von selbst. Materialien aus den externen Seminaren wurden hinsichtlich ihrer Brauchbarkeit für die zu lösenden Arbeitsaufgaben bewertet und bei Bedarf selbstständig ergänzt.

Abschließend will ich noch auf die Besonderheit eingehen, dass Ältere im Ganzen leichter lernen als in Teilen. Auch die Berücksichtigung dieser Erfahrung ergab sich im Projekt gewissermaßen aus dessen innerer Struktur. Am Anfang des Lernprozesses stand für jeden Teilnehmer die Analyse der späteren Tätigkeiten und die Bestimmung der notwendigen Kompetenzen für den zukünftigen Arbeitsplatz. Aus der Analyse wurde dann abgeleitet, welche Wissensdefizite schrittweise zu beseitigen sind. Für die Entwicklung der individuellen Lernpläne fanden spezielle Tools und Hilfsmittel Anwendung. Das Ganze – die zu beherrschenden Arbeitsaufgaben und Tätigkeiten – war somit immer im Blick. Welche Details zu den Tätigkeiten gehörten, wurde demgegenüber erst im Projektverlauf deutlich. Das ergab sich insbesondere auch durch die Bearbeitung der Lernprojekte, deren Struktur ohnehin zu Beginn des Lernprozesses nur in groben Zügen beschrieben werden konnte. Neu zu erwerbendes Wissen und Können wurden schrittweise in die neu entstehenden Kompetenzen eingebaut, die wiederum die Basis für die Ausfüllung der zukünftigen Tätigkeiten bildeten.

Die Weiterbildung den Anforderungen Älterer anpassen

Ist das Projekt „Arbeitsplatzreife" ein Einzelfall?

Mit dem Beispiel „Arbeitsplatzreife" aus dem letzten Kapitel verbinden sich viele interessante Einblicke in die Gestaltung von Lernprozessen für ältere Erwerbspersonen. Dennoch bleibt die Frage offen, ob es sich um einen Exoten aus der Wunderwelt der Weiterbildung handelt oder ob hier eine Entwicklung deutlich wird, die übergreifende Bedeutung hat. Bei der Suche nach Antworten helfen zusätzliche Beispiele nicht weiter. Angesichts von Tausenden und Abertausenden von Weiterbildungsangeboten für alle möglichen Zielgruppen kann jedes weitere Beispiel letztlich nur die Trendaussagen verstärken. Übergreifende Aussagen lassen sich daraus so wenig ableiten wie aus dem Modellprojekt „Arbeitsplatzreife". Dazu bedürfte es ähnlich wie bei der Suche nach Merkmalen für die Leistungsfähigkeit und die Lernfähigkeit Älterer eines viel umfangreicheren analytischen Ansatzes, der über die Möglichkeiten des vorliegenden Buches weit hinausgeht.

Gehen wir darum den gleichen Weg, der in den vorangegangenen Kapiteln bereits erfolgreich war! Schauen wir nach, was die Wissenschaft zur Umsetzung und Gestaltung einer sinnvollen Weiterbildung für ältere Erwerbspersonen zu sagen hat. Dabei stoßen wir allerdings auf ein Problem. Bei den Betrachtungen zum Lernverhalten Älterer und zur Gestaltung einer für diese Personengruppe adäquaten Form des lebenslangen Lernens haben Autoren wie Ursula Lehr betont, dass wir eigentlich keine besondere Qualifizierung Älterer brauchen, nur weil sie ein bestimmtes Lebensalter erreicht haben. Vorzugsweise wenn versäumt wurde, die Älteren schon vor dieser ominösen Altersgrenze weiterzubilden, sind in begrenzten Umfang Sonderangebote sinnvoll. Mit ihnen kann der Anschluss an das lebenslange Lernen wiederhergestellt werden. Darüber hinausgehende Versuche, Ältere und Jüngere beim Lernen künstlich zu trennen, sind nicht nur überflüssig. Sie hätten sogar eine gegenteilige Wirkung. Ältere würden stigmatisiert als eine Gruppe von Lernversagern, denen man die Normalität der Weiterbildung nicht zutrauen kann. Wer aber schon in der Weiterbildung versagt, braucht auch im Unternehmen Sonderbedingungen, die in der Praxis kaum herstellbar sind. Eine verhängnisvolle Kette von Schlussfolgerungen, die die Diskriminierung Älterer am Arbeitsmarkt eher zementieren als aufheben würde.

Wir müssen also in der wissenschaftlichen Diskussion nach Hinweisen suchen, wie die Weiterbildung gleichermaßen dem Lernverhalten Erwachsener und den Anforderungen des modernen Arbeitsmarktes gerecht werden kann. Das ist ein weites Thema, mit dem sich Erwachsenenbildner, Psychologen und viele Bildungspraktiker seit Jahrzehnten beschäftigen. In dieser Zeit haben die Wissenschaftler eine Fülle von Erkenntnissen zusammengetragen und Modelle entwickelt, von denen viele erwähnenswert wären und manche schon genannt wurden. Ich erinnere nur an die Unterscheidung von Belehrungsdidaktik und Ermöglichungsdidaktik. Besonders aufschlussreich für die oben genannten Anforderungen ist allerdings die Diskussion um die sogenannte Neue Lernkultur.

Die These lautet, dass sich zur Erfüllung des Anspruchs vom lebenslangen Lernen im neuen Jahrtausend eine gravierende Veränderung in dem, was wir unter Lernen verstehen, vollziehen muss. Diese *neue Lernkultur* wird schon seit mehr als zehn Jahren in einer schier unübersehbaren Fülle von Studien, Artikeln und sonstigen Publikationen[101] gefordert bzw. beschrieben.

Der Grundgedanke der neuen Lernkultur ist eingängig. Er lautet, dass wir zur Organisation eines erwachsenengerechten und den Anforderungen des modernen Arbeitsmarktes entsprechenden Lernens die traditionelle Kultur des Lernens, wie wir sie seit der Schule kennen, schrittweise überwinden müssen. Das sogenannte neue Lernen soll selbstorganisiert, unter Nutzung der verschiedensten Lernorte und Lernformen und vor allem in der vollen Verantwortung des lernenden Subjektes erfolgen. Schauen wir uns genauer an, was sich dahinter verbirgt.

Traditionelle und neue Lernkultur

Die neue Lernkultur ist eine lebendige Angelegenheit, die tief in unsere Gewohnheiten zu lehren und zu lernen einschneidet. Wer sie nicht nur verkünden, sondern leben will, muss sich von althergebrachten Denkweisen trennen. Diese Denkweisen sind seit der Schulzeit tief in den meisten Menschen verankert.

Der Begriff Lernkultur stellt eine Verbindung zwischen den Begriffen Lernen und Kultur dar. Er ist damit eine Brücke zwischen der im Individuum stattfindenden Tätigkeit und den Bedingungen (das Setting), unter denen das Lernen verläuft. Diese Bedingungen sind historisch gewachsen und wandelbar. Sie umfassen das Verständnis für den Inhalt von Lernen ebenso wie die Rolle, die Lehrenden und Lernenden zugeschrieben wird. Auch die „zugelassenen" Lernorte sind Bestandteil der Rahmenbedingungen. Die Lernkultur kann beinhalten, dass als Lernorte nur speziell ausgewählte Räumlichkeiten in Institutionen akzeptiert werden. Wenn in einer Gesellschaft Lernen grundsätzlich mit der Wissensvermittlung vom Lehrenden an die Lernenden gleichgesetzt wird, ist das eine klar definierte Lernkultur. Gleiches gilt, wenn Lernen immer einer Institution wie der Schule, Hochschule, Lehrwerkstatt oder Bildungseinrichtung zugeschrieben wird. Das alles sind Merkmale der traditionellen Lernkultur. Ihr steht die neue Lernkultur gegenüber. Lernkultur kann nämlich auch heißen, dass Formen der Selbsterfahrung oder des Lernens im Handeln favorisiert werden.

Ist das Verständnis von Lernkultur traditionell geprägt, werden andere Formen des Lernens nicht oder nur sehr beschränkt akzeptiert. Tradition, Selbstverständnis, Erfahrung, anerkannte Regeln und Normen – eben die Kultur – sprechen dagegen. Die Lernkultur wirkt hier nicht anders als die Esskultur oder die sexuellen Normen einer Gesellschaft. Die gesellschaftliche Dimension der Lernkultur kann als Blockade gegen neue Formen des Lernens dienen, sie kann aber auch neue Entwicklungen befördern.

Die Lernkultur hat auch eine individuelle Seite. Jeder Mensch lernt auf individuelle Weise. Er erwirbt im Verlaufe des Lebens verschiedene Modalitäten des Lernens. Sie sind im Individuum als Gewohnheiten, Ansichten, Normen und nicht zuletzt auch als Fähigkeiten tief verwurzelt. Wie in der Gesellschaft ergeben sich auch beim Einzelnen fördernde und hemmende Faktoren, wenn es um neue Wege des Lernens geht. Das Individuum macht seine individuelle Lernkultur als Lerngewohnheiten nach außen deutlich.[102] „Wir dachten, wir hätten immer einen Dozenten!", hatten Teilnehmer der Bildungsmaßnahme „Arbeitsplatzreife" als unterschwellige Kritik und Erwartungshaltung formuliert. Gleichzeitig wird das Individuum aber auch von der Gesellschaft mit den mehr oder weniger verbindlichen Normen und Gewohnheiten konfrontiert. Zwischen diesen beiden Polen muss sich jeder Lernende positionieren.

Die Lernkultur ist vor allem deshalb so fest verankert, weil jeder von frühester Kindheit an Schritt für Schritt die herrschende Lernkultur verinnerlicht. Durch Schule und Ausbildung entwickelte Vorstellungen von dem, was Lernen ist, wie Lernen geht und wo es stattfindet, lassen sich nur unter größten Mühen abstreifen. Das ist auch der Grund, warum die neue Lernkultur trotz der unüberschaubaren Menge an wissenschaftlichen Publikationen, Modellversuchen und sonstigen Aktivitäten noch immer etwas Exotisches an sich hat. Sie will nichts weniger als eine grundlegende Umorientierung der Auffassungen vom Lernen und Lehren. Das heißt, sie stellt die lebenslang aufgebauten Erfahrungen und Prägungen eines wichtigen Teils von uns selbst infrage. Und zwar einschließlich sämtlicher damit zusammenhängender Rahmenbedingungen. Das betrifft die Lernorte, die Funktionen von Lehrenden und Lernenden und vor allem die Organisation des Lernprozesses durch das Individuum.

Bestandteile der neuen Lernkultur

Was ist nun der Kern der neuen Lernkultur? Die Antwort fällt nicht schwer, ist aber nicht leicht umzusetzen. Sie lautet: *Die neue Lernkultur stellt die Perspektive der Lernenden in den Mittelpunkt des Geschehens!*

Diese programmatische Aussage hat mehrere Facetten. Für den Lernenden ergibt sich die Schlussfolgerung, nicht mehr allein nach guten Lehrangeboten zu suchen, wenn Lernbedarf ansteht. Die Fragen lauten vielmehr, wie kann ich meinen eigenen Lernprozess so günstig und effektiv wie möglich gestalten? Wo kann ich überall lernen, welche Medien nutze ich, welche traditionellen Bildungsangebote passen in mein Gesamtkonzept und wie verbinde ich den Lernprozess am besten mit meinen persönlichen Zielen?

Vertreter von Bildungseinrichtungen sollen bei der Vorbereitung von Lernprozessen nicht mehr hauptsächlich über das Lehren nachdenken, sondern bevorzugt über das Lernen. Das klingt zunächst ganz einfach und nicht neu. Haben Lehrende nicht schon immer nach Wegen gesucht, den Lernprozess zu erleichtern? Haben sie, aber dabei stand immer ihre Perspektive im Mittelpunkt: Wie bringe ich dem Lernenden etwas bei? Welche Medien sind geeignet, damit der Lernende mich versteht? Der Dozent bleibt im Mittelpunkt. Die neue Lernkultur fordert etwas anderes. Die Kernfrage lautet nunmehr: Wie kann der Lernende am besten selbstorganisiert lernen? Der Lehrende rutscht vom Zentrum des Geschehens an den Rand. Er wird zur „Rahmenbedingung", die selbstständiges Lernen ermöglichen soll. Für den Lernenden ergeben sich neue Herausforderungen. Er kann sich nicht mehr darauf verlassen, dass der Lehrende ihm das nötige Wissen beibringt. Er muss es sich selbst beibringen. Und zwar so, dass Handlungskompetenz und nicht nur Wissen ausgeprägt wird. Wie das gehen kann, haben wir beispielhaft am Projekt „Arbeitsplatzreife" gesehen. Dort sind die Lehrenden gar nicht in der Lage, die verschiedenen Themenfelder inhaltlich zu bearbeiten. Sie können den Lernenden nur helfen, ihren Lernprozess eigenständig zu organisieren. Eben selbstorganisiert zu lernen.

Selbstorganisiertes Lernen ist ein wichtiger, aber keineswegs der einzige Aspekt der neuen Lernkultur. Zu ihr gehört, wie im Projekt „Arbeitsplatzreife" bereits erläutert, die Individualisierung des Lernens, die Entwicklung von Handlungskompetenz durch selbstgesteuertes Lernen an den verschiedensten Lernorten, die Nutzung der Potenziale des Lernens in der Arbeit und die veränderte Rolle von Lehrenden und Lernenden.

Die neue Lernkultur – die so neu gar nicht ist – ist aber kein Dogma, durch das alle Formen des bisher üblichen Lernens über Bord geworfen werden. Das Gegenteil ist der Fall. In der neuen Lernkultur vereinen sich die Möglichkeiten der Belehrungsdidaktik mit denen der Ermöglichungsdidaktik. Fremdgesteuertes Lernen bildet eine Einheit mit selbstgesteuertem Lernen. Der Lernort Schule steht mit großer Selbstverständlichkeit neben den Lernorten soziales Umfeld und Arbeitsplatz. Traditionelle Medien finden ebenso ihren Platz wie die modernen elektronischen Medien.

Selbst bei den Lernformen registriert man eine Vielfalt gleichberechtigter Varianten, die sinnvoll miteinander kombiniert werden können.

Da gibt es zunächst Lernformen, die in alltägliche Arbeitshandlungen integriert sind. Diese Form des Lernens wird oftmals gar nicht vordergründig als Lernen verstanden. Im Vordergrund steht der Arbeitsprozess oder eine Aufgabe im sozialen Umfeld. Das Lernen erfolgt sozusagen en passant und problemgebunden. Die Lernenden haben keine bewusste Lernintention. Diese Form des Lernens wird auch als nonformelles oder En-passant-Lernen bezeichnet.[103] Beispiele sind die Übertragung einer handwerklichen Arbeitsaufgabe, in deren Verlauf sich Lernende neue Fähigkeiten aneignen. Das Lernen erfolgt z. B. durch Wissensaustausch mit Kollegen oder dem Coach, die Nachahmung von Kollegen oder durch Probieren. Eine kritische Reflexion des Lernprozesses erfolgt nicht.

Daneben steht das sogenannte nonformale oder informelle Lernen. Es setzt voraus, dass die Lernenden das Ziel haben zu lernen. Das Lernen selbst erfolgt wiederum problemorientiert an konkreten Sachverhalten im Arbeitsprozess oder im sozialen Umfeld. Im Unterschied zum nonformellen oder En-passant-Lernen richten die Teilnehmer ihr Augenmerk auf den eigenen Lernprozess. Sie steuern ihn als Bestandteil eines Problemlösungsprozesses selbst. In diesem Sinne handelt es sich hier um selbstgesteuertes Lernen. Ein Beispiel dafür ist die Anfertigung einer Recherche zu einer technischen Aufgabenstellung, verbunden mit dem Ziel, die Methode des Recherchierens kritisch zu reflektieren und zu üben. Ein anderes Beispiel ist die bewusste Aneignung einer handwerklichen Technik durch die Kombination von Vormachen, Nachmachen, Üben und Kontrollieren. Am besten bekannt ist schließlich das formale oder institutionalisierte Lernen. Es erfolgt meist abstrakt und nicht bei der Lösung einer praktischen Problemstellung. Im Lernprozess wirken Lehrende und Lernende zusammen, die im Idealfall beide die Intention haben, den Lernprozess voranzutreiben. Da der Lehrende dem Lernenden vorgibt, was und wie er zu lernen hat, wird diese Form auch als fremdgesteuertes Lernen bezeichnet. Grundlage für das Lernen ist ein Curriculum, welches in einer Institution (Schule, Bildungseinrichtung) abgearbeitet wird.

Die neue Lernkultur hat viele Protagonisten

Sucht man nach einer zusammenfassenden Darstellung aller wichtigen Merkmale der neuen Lernkultur, wird man an vielen Stellen fündig. Aus der Fülle der Informationsangebote sollen zwei herausgehoben werden. Da sind zunächst die Ergebnisse des vom Bundesministerium für Bildung und Forschung von 2001 bis 2006 finanzierten Forschungs- und Entwicklungsprogramms „Lernkultur Kompetenzentwicklung".[104] Im Rahmen dieses Programms wurde eine große Anzahl von Studien und Umsetzungsprojekten durchgeführt, sodass ein breites Spektrum von Ergebnissen zur Umsetzung der neuen Lernkultur durch Lernen in der Arbeit, durch Lernen in Bildungseinrichtungen und im sozialen Umfeld vorliegt.

Lernen, so ist als Ergebnis der vielen Forschungs- und Gestaltungsprojekte des Programms „Lernkultur Kompetenzentwicklung" nachzulesen, ist ein eigenaktiver konstruktiver Prozess, bei dem die Lernenden selbst die Verantwortung übernehmen und den Prozessablauf steuern. Die Lehrenden haben die Aufgabe, diesen Prozess zu unterstützen. Die Rolle der Lehrenden als Lernbegleiter und Moderator schließt dabei klassische Wissensvermittlung nicht aus. Im Gegenteil, die neue Lernkultur setzt, wie schon oben beschrieben, auf vielfältige Methoden und Medien. In diesem Setting finden Frontalunterricht und E-Learning genauso ihren Platz wie Lernen in der Arbeit und selbstständige Erschließung von Wissensbeständen im Rahmen von Problemlösungsprozessen.

Die neue Lernkultur kennt eben nur selten einen linearen Lernweg hin zu einem vorbestimmten Lernergebnis. Wenn der Lernende seinen Lernprozess wirklich selbst organisiert, dann ist der Lernweg durch die Gestaltung von Rahmenbedingungen wie Lernarrangements oder Problemsetzungen nur indirekt zu beeinflussen. Der Lernende nutzt eine Fülle von Möglichkeiten, die weit über die Angebote von Bildungseinrichtungen hinausgehen können. Zunehmend wichtig werden das Lernen in der Arbeit, das Lernen im sozialen Umfeld und auch das Lernen mit Multimedia. Ihre Kombination im selbstorganisierten Lernprozess ermöglicht die Ausbildung dessen, was Unternehmen heute im Arbeitsprozess erwarten: Handlungskompetenz und Problemlösefähigkeit.

Viele praktische Vorschläge für die Verwirklichung einer neuen Lernkultur hat auch die „Werkstatt für neue Lernkultur" entwickelt. Von ihr werden als wichtigste Aspekte der neuen Lernkultur benannt:

- Ein neues Verständnis des Lernens als ein notwendig eigenaktiver und konstruktiver Prozess.
- Die Berücksichtigung auch des informellen Lernens im Alltag.
- Eine veränderte Rolle der Lernenden, die mehr und mehr selbst Verantwortung für ihr Lernen übernehmen und es auch selbst steuern.
- Eine neue Rolle der „Lehrenden", die zu Moderatoren und Lernbegleitern werden.
- Der Einsatz vielfältiger Methoden, die den Lernenden eigenaktives und selbstverantwortliches Lernen ermöglichen.
- Der Einsatz vielfältiger Medien: zu den traditionellen Medien wie Tafel, Buch oder Teilnehmerunterlagen gesellen sich Pinnwand, Computer, Projektionsverfahren, der eigene Körper ...
- Die Nutzung vielfältiger Lernorte: neben dem „klassischen" Lernen in Seminar- oder Unterrichtsräumen werden der Arbeitsplatz, Museen und Bibliotheken oder virtuelle Lernräume genutzt.

Quelle: *http://www.neue-lernkultur.de* am 11. 04. 06

Keiner dieser Aspekte kommt wirklich überraschend. Sie zeigen nochmals, wie vielfältig die Wege sind, auf denen das selbstorganisierte Lernen erfolgen kann: selbstorganisiertes Lernen, mit dessen Hilfe sich Erwachsene auf die Anforderungen der modernen Arbeitswelt einstellen können. Dieser fortwährende Anpassungsprozess ist der Hauptgrund, warum wir nach neuen Wegen bei der Organisation des lebenslangen Lernens suchen müssen.

Veränderungen der Arbeitswelt erfordern Veränderungen im Lernen

Es drängt sich ein wenig der Eindruck auf, dass die neue Lernkultur im Grunde nichts anderes ist als die konsequente Umsetzung schon lange bekannter pädagogischer Grundsätze. Das betrifft z. B. die bei Pädagogen sattsam bekannte Erfahrung, dass handelndes Lernen die wirksamste Methode ist, um Wissen dauerhaft verfügbar zu machen (das Vergessen zu reduzieren) und – noch viel wichtiger – Handlungskompetenz auszuprägen.

Wenn heute die Notwendigkeit einer neuen Lernkultur immer wieder betont wird, dann hat das aber ganz aktuelle Gründe. Um diese ausreichend zu beleuchten, müssen wir nochmals etwas weiter ausholen. Die Notwendigkeit einer neuen Lernkultur ergibt sich nämlich gleichermaßen aus pädagogischen Argumenten und der Entwicklung der Arbeitswelt. Die neue Lernkultur ist sogar eine direkte Reaktion auf die sich dramatisch verändernde Arbeitswelt. Das betrifft alle Erwerbspersonen, besonders aber die Älteren. Schon deswegen, weil diese unter besonders hohem Anpassungsdruck stehen, wollen sie nicht den Anschluss verlieren. Aber auch deswegen, weil die neue Lernkultur geradezu auf das Lernverhalten und das Lernvermögen Älterer zugeschnitten ist.

Die Veränderungen in der Arbeitswelt kann jeder tagtäglich erleben. Sie haben Auswirkungen auf alle Altersgruppen – auf Beschäftigte und diejenigen, die einen neuen Job suchen. Beide Gruppen stehen permanent vor der Herausforderung, durch lebenslanges Lernen die sich verändernden Bedingungen zu antizipieren. Was sind die wichtigsten dieser Veränderungen und wie wirken sie sich auf die Lernprozesse aus?

Als Einstieg in die Beantwortung dieser Frage soll nochmals ein weiter vorn schon erwähntes Zitat von Bärbel Bergmann dienen. Sie hat im Ergebnis einer Vielzahl von detaillierten Untersuchungen zu betrieblichen Veränderungsprozessen und Anforderungen an das Lernen in Unternehmen festgestellt:

„In der Arbeitswelt erfolgen Veränderungen immer rascher. Technologien werden in immer kürzeren Zeiten erneuert. Die Entwicklungszeit von Produkten ist größtenteils länger als die Marktpräsenz. Produkte werden immer häufiger zusammen mit Dienstleistungen vermarktet, so dass sich viele Mitarbeiter von

Unternehmen auch in Serviceleistungen einzuarbeiten haben. Veränderungsprozesse führen zu einer ständigen Entwicklung von Wissen. Erwerbstätige müssen deshalb veraltetes Wissen kontinuierlich durch neues ersetzen. Lernen und arbeiten erfolgen parallel." Als Schlussfolgerung für die Gestaltung der Weiterbildung stellt sie fest: „Zusätzlich zu dieser generellen Begründung gewinnt das Lernen in der Arbeit auch deshalb an Bedeutung, weil aufgrund der zunehmenden Spezialisierung von Unternehmen und der wachsenden Produktvielfalt infolge des Trends zu kundenspezifischer Produktion, der bis zur Losgröße 1 reichen kann, unternehmensspezifisches Wissen zu wichtigem Handlungswissen wird. Dieses ist jedoch in keinem Bildungscurriculum enthalten."[105]

Im Zeichen zunehmender Spezialisierung wird unternehmensspezifisches Wissen zu wichtigem Handlungswissen. Gerade dieses spezifische Wissen ist aber, wie Bergmann schreibt, in keinem Curriculum enthalten und muss daher über andere Lernformen vermittelt werden. Es lohnt sich, dabei auch die Frage zu beleuchten, welche Anforderungen an die Methoden-, Sozial- und Selbstkompetenz sich ergeben. Bevor wir darauf eingehen, wollen wir erst die Veränderungen der Arbeitswelt etwas näher anschauen. In ihrer Summe bewirken sie vor allem eines: eine deutliche Zunahme der Komplexität und der Notwendigkeit, selbstgesteuert zu handeln.

Die Arbeitswelt wird komplexer

Sucht man nach Ursachen für den steigenden Bedarf an neuem Wissen und nach den Persönlichkeitseigenschaften im modernen Arbeitsprozess, so kommt man zu folgendem Ergebnis: Ein Großteil der Arbeitsplätze ist durch steigende Komplexität und zunehmende Probleme bei der Planung von Arbeitsabläufen geprägt.

Komplex ist ein System dann, wenn es aus vielen miteinander gekoppelten Elementen besteht; z. B. ein internationales Unternehmen mit seinen Struktureinheiten in verschiedenen Ländern. Auch ein mittelständischer Betrieb mit einer großen Anzahl von Vernetzungen mit Kunden, Lieferanten, Dienstleistern und sonstigen Kooperationspartnern ist komplex. Über solche komplexen Systeme kann man sich kaum ausreichendes

Wissen aneignen. Nicht nur, dass sich das System und damit auch das relevante Wissen ständig verändern. Es ist vor allem einfach nicht vorauszusehen, zu welchen Struktureinheiten und Eigenschaften des Systems man während des Berufslebens Wissen braucht. Marketingexperten beschäftigen sich heute mit dem Direktmarketing in Südafrika, morgen mit dem Vertrieb in Großbritannien und übermorgen arbeiten sie vielleicht in einer Projektgruppe, die sich mit dem weltweiten elektronischen Vertrieb über das Internet beschäftigt, oder sie werden einer Gruppe von Produktentwicklern zugeordnet. Immer wieder gilt es, neue Seiten des komplexen Systems Unternehmen zu durchdringen. Das Wissen dafür kann unmöglich vor Beginn der Laufbahn im Unternehmen erworben werden. Ohne selbstorganisierte permanente Weiterbildung geht gar nichts. Doch damit nicht genug. Immer mehr Mitarbeiter müssen direkt mit Kunden kommunizieren. Mehr Kontakte zu verarbeiten, erhöht die Komplexität ihres Arbeitsplatzes. Von den Kunden gehen auch immer neue Forderungen aus. Um sie zu berücksichtigen, wird ebenfalls neues Wissen benötigt, für dessen Erwerb nur in seltenen Fällen spezielle Seminare angeboten werden.

Andere Beschäftigte arbeiten in Teams mit Spezialisten aus verschiedensten Fachrichtungen. Sie müssen mit ihnen kommunizieren, was angesichts der Grenzen von Fachdisziplinen eine echte Herausforderung darstellt. Die Komplexität steigt gemeinsam mit dem Fluss neuen Wissens. Denn im interdisziplinären Team muss sich jeder auch irgendwie mit der Wissensexplosion in den Nachbargebieten beschäftigen.

Die dritte Gruppe der Beschäftigten bleibt in der bisherigen Fachdisziplin, muss nun aber anstelle einer nationalen Marktnische für den internationalen Markt arbeiten. Das Ergebnis kennen wir schon: Die Komplexität steigt und zusätzliches Wissen muss verkraftet werden. Die bisherigen Beispiele klingen noch sehr nach Jobs für Hochschulabsolventen. Sie sind aber bei Weitem nicht die Einzigen, die mit zunehmender Komplexität und neuem Wissen konfrontiert werden. Es trifft auch Handwerker, die beim Kunden mehrere Gewerke vertreten müssen und nicht warten können, bis der Meister bei Problemen die Richtung vorgibt. Oder Metallarbeiter, die heute ihre numerischen Maschinen selbst einrichten, programmieren, bedienen und sogar kleinere Reparaturen durchführen.

Grenzen der Planbarkeit – das Unplanbare im Planbaren

Mit der zunehmenden Komplexität wächst aber nicht nur die Summe des zu verarbeitenden Wissens. Immer neue Stör- und Einflussgrößen sowie die Abnahme der Losgrößen führen auch dazu, dass die früher mögliche langfristige Planungssicherheit von Arbeitsprozessen teilweise verloren geht. Sicher, in jedem Unternehmen wird auch weiterhin geplant. Ohne Festlegung von Zielen und die Zuordnung von Arbeitsschritten und Ressourcen geht es nicht. In Unternehmen, die nur abgegrenzte Märkte mit den immer gleichen Produkten bedienen, verlaufen die Arbeitsprozesse auch weiterhin so, wie sie geplant werden.

Das ist aber heute nur noch selten der Fall. Die Normalität sieht anders aus. Die Firmen bewegen sich in einem hochgradig vernetzten Umfeld (steigende Komplexität), welches sich mit erstaunlicher Geschwindigkeit und nicht selten ohne erkennbare Regeln wandelt. Wissenschaftlich-technische Neuerungen, Veränderungen im Verhalten von Kunden, neue Wettbewerber, neue gesetzliche Rahmenbedingungen, zunehmend komplizierte Maschinen – alles stürmt auf die Unternehmen und damit auch auf die Mitarbeiter ein. Für die Betriebsabläufe hat das tief greifende Folgen. Die Planung hört nicht auf, aber in das „Planbare" schleicht sich immer öfter „Unplanbares" ein.[106] Die nicht vollständig beschreibbare Komplexität von äußeren Einflussgrößen sowie neuartige, nicht vorhersehbare Einflüsse und Ereignisse führen zu Abweichungen von Regelmäßigkeiten und Planbarem. Unplanbares tritt auf und muss bewältigt werden. Täglich, stündlich, ständig. Planmäßige Prozesse und eher unerwartete und überraschend auftretende „Abweichungen" laufen nebeneinander und miteinander vernetzt ab.

Es sind nicht die spektakulären Störungen, welche die größten Herausforderungen bereiten. Vielmehr gilt es, mit einer Vielzahl von alltäglichen Unwägbarkeiten, die auch als kritische Situationen bezeichnet werden, umzugehen. Kritische Situationen sind durch nicht vorhersehbare, nicht berechenbare Einflussfaktoren geprägt, die zu schleichenden, manchmal auch zu sprungartigen Veränderungen in den geplanten Abläufen führen können. Für den Umgang mit solchen kritischen Situationen reicht die Kombination aus fundiertem Fachwissen und planmäßigem rationalen Agieren, welche normalerweise für professionelles Handeln charakteristisch ist, nicht mehr aus. Nicht für jedes komplexe technische System und schon gar nicht für jede Situation lässt sich ein theoretisches Prozessmodell entwickeln, erlernen und verinnerlichen, aus dem dann Handlungsalgorithmen abgeleitet werden können. Im beruflichen Alltag erlebt eine Wissensart eine Renaissance, die man im Rahmen der Verwissenschaftlichung von Arbeitsprozessen fast schon abgeschrieben hatte. Es geht um das Erfahrungswissen, das man sich nach traditionellem Verständnis über lange Jahre hinweg erworben hat. Erfahrungswissen bezieht sich auf zurückliegende Ereignisse und Erfahrungen. Sein Wert für die Bewältigung aktueller Aufgaben wurde noch vor kurzer Zeit als fragwürdig angesehen. Schon deswegen, weil sich die Anforderungen im Berufsleben mit so hoher Dynamik ändern.

Heute gibt es eine neue Sicht auf das Erfahrungswissen. Sie entstand aus der Erkenntnis, dass wissenschaftlich systematisches Fachwissen nicht unmittelbar in praktisches Handeln umsetzbar ist. Zusätzlich notwendig ist Wissen über die jeweiligen konkreten Gegebenheiten und Handlungszusammenhänge. Ein Wissen, dass sich nicht aus dem Fachwissen ableiten lässt, sondern eigenständig erworben werden muss. Dafür bedarf es eines prozessorientierten Lernens in der Praxis, eben des neuen Lernens, in dem systematisch generalisiertes Fachwissen mit „Arbeitsprozesswissen" verbunden wird. Berufliche Erfahrungen zu sammeln ist ein uralter Prozess. Mit dem neuen Lernen erhält er eine neue Dimension. Erfolgte früher die Sammlung von Erfahrungen gewissermaßen nebenbei ohne Reflexion und nur über lange Zeiträume, wird sie heute zum Gegenstand von organisierten Lernprozessen. Die neu entstehende Kombination von Wissen schließt dann auch solche schwer fassbaren Phänomene wie Gefühl und Gespür für eine Sache, blitzschnelle Entscheidungen ohne nachzudenken oder den „richtigen Riecher" für die Lösung von Problemen ein. Die im beruflichen Kontext handelnden Personen erwerben mehr als systematisches Fachwissen und ein wenig Erfahrung. Sie eignen sich im Rahmen des neuen Lernens auch emotionale und intuitive Fähigkeiten an, die über das rein rationale wissensbasierte Denken hinausgehen.

Probleme zu lösen, erfordert Qualifikationen und Kompetenzen

Unplanbares zu bewältigen heißt aber nichts anderes, als Probleme zu lösen. Und zwar durch Mitarbeiter, die in immer „schlankeren" Unternehmen arbeiten. Denn in den Betrieben behalten nur die Mitarbeiterinnen und Mitarbeiter ihren Job, die zwingend gebraucht werden. Und manchmal nicht mal die. Wo früher drei Hierarchieebenen die Arbeit verteilten und kontrollierten, gibt es heute nur noch einen Manager. Wo früher fünf Mitarbeiter an einem Projekt arbeiteten, sind es heute nur noch drei. Oder die fünf Mitarbeiter arbeiten parallel in mehreren Projekten. Aus der Kombination zunehmender Anforderungen bei der Lösung von Problemen und gleichzeitiger Verknappung der Personalressourcen ergibt sich eine explosive Mischung. Wie können die Unternehmen Prozesse bewältigen, wenn sie einerseits mehr Flexibilität verlangen und andererseits die für eine hohe Flexibilität erforderlichen freien Potenziale ständig ausdünnen? Wie bewältigen sie eine Situation, die in erster Linie durch die ständige Lösung von Problemen gekennzeichnet ist?

Denn „Problemlösungsprozesse", so schreiben Erpenbeck und von Rosenstiel, „gehören heute zu den strategisch wichtigsten Prozessen in Unternehmen, Organisationen und darüber hinaus".[107] Problemlösungsprozesse sind, so dieselben Autoren, verbunden mit der wachsenden Komplexität von Entscheidungs- und Entwicklungsprozessen, die zunehmend unter Frustration (d. h. sich widersprechenden Bedingungen) und Unsicherheit über die Zielfunktionen ablaufen".[108]

Die Frage ist nun: Wer entscheidet und handelt unter solchen Bedingungen? Sind es einige wenige Manager? Die Tendenz ist eine andere. Sie betrifft eine zunehmende Anzahl von Erwerbstätigen, oftmals ganze Belegschaften. So wie die Computertechnik in fast alle Arbeitsbereiche vordringt, stehen auch immer mehr Erwerbstätige vor der Notwendigkeit, eigenständig zu handeln und Probleme zu lösen, anstatt feststehende Algorithmen abzuarbeiten. Sie entscheiden selbst und sie handeln selbst – meist ohne Möglichkeit einer Rückversicherung bei übergeordneten Stellen. Dafür brauchen sie die notwendigen Fähigkeiten und Fertigkeiten. Qualifikation ist dafür nicht ausreichend. Sie verkörpert in erster Linie das abprüfbare Ergebnis von formalisierten Lernprozessen. Um in komplexen unsicheren Situationen zu handeln, wird mehr benötigt. Die Erwerbstätigen brauchen Kompetenzen. Kompetenzen sind Voraussetzungen oder Dispositionen für selbstorganisiertes Handeln.[109] Sie schließen wissenschaftlich fundiertes Fachwissen als Voraussetzung für planmäßiges rationales Handeln ebenso ein wie spezifisches Erfahrungswissen für erfahrungsgeleitetes subjektiv geprägtes Handeln. Selbstorganisiert handeln bedeutet letztlich, dass die Erwerbstätigen ihre Aktivitäten selbst planen, organisieren, steuern und kontrollieren. Neben fachlichen Kompetenzen benötigen sie insbesondere Kreativität, Engagement und Selbstständigkeit. Solche Handlungsfähigkeit in komplexen unsicheren Situationen ergibt sich nicht von allein. Sie muss erworben werden. Doch wie geht das?

Sicher, man kann sie erwerben, indem man sich in klassischer Weise in Bildungsveranstaltungen Wissen und Können aneignet und danach versucht, es in den komplexen Arbeitsprozessen anzuwenden. Der Erwerb von Qualifikation wird dann in gewisser Weise von der Ausbildung von Kompetenzen getrennt. Im Bereich der betrieblichen Weiterbildung ist das noch durchaus gängige Praxis. In einem kurzen Seminar wird Wissen vermittelt und später im Unternehmen angewendet. Auch Erwerbslose können so qualifiziert werden. Voraussetzung ist, dass die Bewerber noch über ausreichende Problemlösefähigkeit (Handlungskompetenz) aus früheren Tätigkeiten verfügen. Oder die Unternehmen sind bereit, die Kompetenzentwicklung in eigener Regie nach erfolgter Einstellung zu übernehmen. Leider ist beides immer weniger vorzufinden.

Im Projektbeispiel „Arbeitsplatzreife" habe ich beschrieben, dass die Mehrzahl der Teilnehmer vor einer grundlegenden beruflichen Neuorientierung stand. Nicht nur ihre bisherige fachliche Qualifikation, auch ihre Handlungskompetenz war nur noch die Hälfte wert. Um den neuen Job auszufüllen, mussten sie neue Handlungskompetenz und Problemlösefähigkeit erwerben. Nicht irgendwann und auch nicht erst nach der Einstellung in den Unternehmen. Dazu hatten die Unternehmen weder die Zeit noch die Kraft. Die Ausprägung von Handlungskompetenz und Problemlösefähigkeit musste demzufolge zum Bestandteil der Qualifizierung selbst werden. Die Teilung der Kompetenzentwicklung in einen Abschnitt in der Bildungsmaßnahme und eine Phase nach erfolgter Einstellung war nicht mehr machbar. Mit der klassischen Form von Wissen vermittelnden Bildungsmaßnahmen war das kaum erreichbar. Dafür und genau dafür wird eine neue Lernkultur benötigt. Eine Lernkultur, die unmittelbar zur Ausprägung von Handlungsfähigkeit und Problemlösefähigkeit in komplexen betrieblichen Situationen führt.

Es wäre aber falsch, die Integration der Vermittlung von Wissen in die Ausprägung von Handlungsfähigkeit auf die Qualifizierung von Erwerbslosen zu beschränken. Vielmehr gerät an vielen Stellen das alte Modell der künstlichen Trennung von Wissensvermittlung und Kompetenzentwicklung generell ins Wanken. Das gilt, wie schon im Zitat von Bergmann deutlich wurde, auch für die betriebliche Weiterbildung. Für die hoch spezialisierten Bedarfe an Wissen und Können, die noch dazu kurzfristig befriedigt werden müssen, gibt es kaum passende Angebote. Unternehmen organisieren für ihre Mitarbeiter intern ein Lernen in der Arbeit, welches genau den Merkmalen der neuen Lernkultur entspricht. Nur eben ohne externe pädagogische Unterstützung.[110] An die Stelle externer Lehrkräfte treten oftmals Führungskräfte in neuer Funktion.

Der Bedarf an Bildung wird immer kleinteiliger und individueller

Der unmittelbar im Arbeitsprozess entstehende hoch spezialisierte und möglichst schnell zu deckende Wissensbedarf ist ein weiterer Grund, der Unternehmen und Bildungseinrichtungen, aber auch die Erwerbstätigen zunehmend zwingt, über neue Lernarrangements nachzudenken. In dem Zitat von Bärbel Bergmann und auch im Beispiel „Arbeitsplatzreife" ist dieser Grund schon enthalten.

So wie die Funktionen der Mitarbeiter in den Unternehmen spezifischer werden, zersplittern auch die Bildungsbedarfe. Jeder Mitarbeiter braucht eigene, spezifische Kompetenzen. Das gilt bei Beschäftigten zumindest zunehmend für die Fachkompetenzen. Für die Bildungsanbieter verbindet sich damit ein grundlegendes Problem: Sie sind kaum noch in der Lage, ausreichende Gruppengrößen zusammenzustellen. Bisher wurde versucht, darauf durch Modularisierung zu reagieren. Solche modularen Systeme bieten parallel unterschiedliche Inhalte und ermöglichen den ständigen Einstieg in die Qualifizierung. Die Lernorganisation ist oft traditionell dozentenzentriert, ergänzt durch Lernangebote aus elektronischen Datenbanken. Das Lernen erfolgt dann weiter fremdbestimmt, aber kein Teilnehmer muss mehr einen umfangreichen Kurs besuchen, wenn er nur einen bestimmten Wissensbaustein braucht. Die modularen Angebote funktionieren prima, solange eine Mindestanzahl von Teilnehmern in den einzelnen Modulen erreicht wird. Aber auch hierbei gibt es mit zunehmender Spezialisierung des Wissensbedarfs Grenzen.

Vieles spricht dafür, sich der Möglichkeiten des individualisierten Lernens zu bedienen, die zudem noch den Vorteil der verstärkten Kompetenzentwicklung durch handelndes selbstorganisiertes Lernen aufweisen. Betriebliche Beispiele dafür, die unter Beteiligung von Bildungseinrichtungen realisiert werden, sind noch Mangelware. Bisher sind es eher die Unternehmen selbst, die, wie eine Untersuchung in Unternehmen der Nanotechnologie gezeigt hat, solche Prozesse mit den eigenen Führungskräften starten.[111] Es dürfte aber nur eine Frage der Zeit sein, bis Bildungseinrichtungen diesen Markt erschließen. Tun sie es nicht, werden möglicherweise Unternehmensberater an ihre Stelle treten.

So speziell wie die Bildungsbedarfe in den Unternehmen sind auch die Kompetenzen, die von neu einzustellenden Mitarbeitern erwartet werden. Genau das war der Ausgangspunkt für das Projekt „Arbeitsplatzreife". Die dort in den Unternehmen vorgefundenen Bedingungen sind aber kein Einzelfall. Wollen Bildungseinrichtungen den zersplitterten Personalbedarf der Unternehmen durch Qualifizierung von Erwerbslosen bedienen, müssen sie zukünftig über Formen des neuen Lernens nachdenken, mit denen die von den Unternehmen eingeforderte Handlungskompetenz schon in der Qualifizierungsphase aufgebaut wird. Das wird nur unter aktiver Nutzung der Potenziale der neuen Lernkultur möglich sein.

Die neue Lernkultur als integrierter Lösungsansatz

Die Einführung einer neuen Lernkultur beinhaltet mehr als die Veränderung pädagogischer Grundsätze. Wird sie in die Praxis umgesetzt, so lassen sich mit ihrer Hilfe reale Probleme unserer Zeit lösen oder zumindest entschärfen. In den verschiedenen Kapiteln wurden wichtige Gründe, die für die Einführung einer neuen Lernkultur sprechen, ausführlich dargestellt. Betrachtet man die Verbindungen zwischen den verschiedenen Gründen für die Anwendung einer neuen Lernkultur, so zeigt sich ihr Zusammenhang mit den Themenfeldern demografischer Wandel bzw. alternde Gesellschaft, Anforderungen der Arbeitswelt, Fachkräftebedarf und Optimierung von Lernprozessen.

Das kann man sich wie folgt vorstellen: Zunächst sind der Mangel an bestimmten Fachkräften, Anforderungen der Arbeitswelt, alternde Gesellschaft und die Anforderungen an pädagogisch optimierte Lernprozesse gute Gründe, anstelle der alten Belehrungsdidaktik zur neuen Lernkultur mit ihren vielfältigen Möglichkeiten überzugehen. In gewisser Weise können diese Gründe auch als Ursachen für den Übergang zur neuen Lernkultur gelten. Hierbei handelt es sich aber nicht um Einbahnstraßen.

Die neue Lernkultur ist gleichzeitig ein Mittel, um die jeweiligen Probleme zu lösen. Sie hilft, den sich entwickelnden Fachkräftemangel zu entschärfen. Sie dient der Optimierung von Lernprozessen. Sie erleichtert den Verbleib und ermöglicht die Reintegration Älterer in den Arbeitsprozess als Antwort auf den demografischen Wandel. Und sie ist ein entscheidendes Mittel, um jeden Tag erneut die Erwerbstätigen auf die Anforderungen der modernen Arbeitswelt einzustellen. In diesem Sinne ist die neue Lernkultur gleichermaßen Lösungsinstrument für gesellschaftliche Herausforderungen und Antrieb für Veränderungen in den vier Feldern.

Es lohnt sich also, die neuen – und eigentlich doch so alten – Wege des Lernens auf ihrer ganzen Breite auszuloten und schrittweise zu erschließen. Dies ist eine Aufgabe, die nicht nur Einrichtungen der Erwachsenenbildung betrifft. Es ist eine Chance für jedes Unternehmen und für jeden Einzelnen, der sich den Anforderungen der Wissensgesellschaft stellen muss und will. Dass den Älteren dabei eine andere Rolle zukommt und sie andere Gestaltungsmöglichkeiten benötigen als in der Vergangenheit, habe ich in meinen vorangegangenen Ausführungen hoffentlich hinreichend belegen können.

Anmerkungen

1 Matthew Arnold, englischer Dichter und Kulturkritiker (1822–1888), setzte sich als Schulinspektor mit der Reform des britischen Schulwesens auseinander. Als Professor für Dichtung in Oxford prägte er die Formel, Dichtung sei Kritik oder Deutung des Lebens. Als Kulturkritiker wirksamer denn als Lyriker, gab er der Kritik eine grundlegende Bedeutung. Entgegen der wirtschaftlichen und machtpolitischen Erfolge des zeitgenössischen britischen Weltreichs nahm Arnold dieses als kulturell rückständig wahr. Er sah es als eine staatliche Aufgabe an, eine dynamische Mittelschicht der Gesellschaft heranzubilden und zu humanisieren. Ohne kulturelle Gegenmaßnahmen führe die viktorianische Demokratie zu einem alle Werte zersetzenden politischen Chaos. Wichtige Beiträge zu seiner neuartigen Form der Kulturkritik wurden seine Werke „Essays in Criticism" (1865) und „Culture and Anarchy" (1869).

2 Thomas Robert Malthus, englischer Nationalökonom und Sozialphilosoph (1766–1834), war Inhaber des weltweit ersten Lehrstuhls für politische Ökonomie – 1805 am College der East India Company im englischen Haileybury eingerichtet. Er vertrat eine einflussreiche Bevölkerungslehre, wonach das Wachstum der Bevölkerung ewigen Naturgesetzen unterliegt und schneller vor sich geht (exponentiell) als die Produktion von Nahrungsmitteln (linear). Für ihn waren soziale Probleme (Elend und Hunger) die Folge der natürlichen Eigenschaft der Menschen, sich zu vermehren. Er ging davon aus, dass eine sich entwickelnde Ökonomie und Gesellschaft zur Überbevölkerung führt. Seine Bevölkerungstheorie veröffentlichte er 1798 im Buch „Essay on the Principle of Population".

3 Pötzsch, O.; Sommer, B.: Bevölkerung Deutschlands bis 2050. Ergebnisse der 10. koordinierten Bevölkerungsvorausberechnung. Herausgegeben von Destatis/Statistisches Bundesamt. Wiesbaden 2003.
Eisenmenger, M.; Pötzsch, O.; Sommer, B.: 11. koordinierte Bevölkerungsvorausberechnung. Annahmen und Ergebnisse. Herausgegeben vom Statistischen Bundesamt. Wiesbaden 2006.

4 Fuchs, J.; Schnur, P.; Zika, G.: Arbeitsmarktbilanz bis 2020. Besserung langfristig möglich. In: Kurzbericht IAB, Ausgabe Nr. 24 / 8. 12. 2005.

5 Der Mikrozensus – in Deutschland durchgeführt vom Statistischen Bundesamt (organisatorische und technische Vorbereitung) und den Statistischen Landesämtern (Durchführung und Aufbereitung der Befragungen) – ist eine staatliche Repräsentativerhebung der Bevölkerung und des Arbeitsmarktes. Im Gegensatz zur Volkszählung werden nur nach bestimmten Zufallskriterien ausgewählte Haushalte einbezogen. Die Repräsentativität der Ergebnisse wird durch eine entsprechende Anzahl der Haushalte statistisch gesichert. Das heißt, an der jährlichen Befragung sind ein Prozent der Privathaushalte in Deutschland beteiligt, das entspricht in etwa 370.000 Haushalten mit 820.000 Menschen. Ein auf Basis einer Flächenstichprobe ausgewählter Haushalt wird in der Regel in vier aufeinander folgenden Jahren befragt. Dabei wird zwischen den Fragen aus dem Grundprogramm (jedes

Jahr identisch) und denen aus dem Ergänzungsprogramm (Rotieren im Vier-Jahres-Zyklus) unterschieden. Das Anliegen des Mikrozensus besteht darin, die im Rahmen von umfassenden Volkszählungen erhobenen Daten in kurzen Zeitabständen mit überschaubarem organisatorischem Aufwand zu überprüfen und gegebenenfalls zu korrigieren. Rechtsgrundlage des Mikrozensus ist ab 1. Januar 2005 das Mikrozensusgesetz 2005.

6 Schirrmacher, F.: Das Methusalemkomplott – Die Macht des Alterns. München 2004.

7 Rump, J.; Eilers, S.: Lernen im Wandel – Auf dem Weg zur lebenslangen Qualifizierung. In: Loebe, H.; Severing, E. (Hrsg.): Weiterbildung auf dem Prüfstand: Mehr Innovation und Integration durch neue Wege der Qualifizierung. Bielefeld 2006.

8 Kistler, E.: Demographie und Arbeitsmarkt – Anforderungen an die Weiterbildung. In: Loebe, Herbert; Severing, Eckart (Hrsg.): Weiterbildung auf dem Prüfstand: Mehr Innovation und Integration durch neue Wege der Qualifizierung. Bielefeld 2006.

9 Vgl. Kistler, 2006.

10 Die Unterbeschäftigung – eine über die Arbeitslosigkeit hinausgehende Definition von Nicht-Vollbeschäftigung – stellt eine wirtschaftliche Situation dar, in der das Produktionspotenzial einer Volkswirtschaft bzw. die betrieblichen Kapazitäten nicht ausreichend genutzt werden. Das heißt, auf dem Arbeitsmarkt ist der Beschäftigungsgrad niedrig und die Zahl der offenen Stellen geringer als die Zahl der arbeitswilligen Erwerbspersonen – es herrscht also Arbeitslosigkeit. Nach dem Verständnis des deutschen Sozialrechts ist Arbeitslosigkeit der Anteil der beschäftigungssuchenden Bevölkerung, die keine Arbeit findet und bei den Arbeitsagenturen als arbeitslos oder arbeitsuchend registriert ist. Dieser Begriff schließt jedoch – im Unterschied zur Unterbeschäftigung – nicht alle arbeitssuchenden Bevölkerungsgruppen mit ein, wie z. B. die nicht arbeitsuchend gemeldeten Berufsanfänger, Personen in Arbeitsbeschaffungsmaßnahmen, Personen in von der Arbeitsagentur finanzierten Fortbildungsmaßnahmen, Personen, die gerne arbeiten würden, aber aufgrund der allgemein schlechten wirtschaftlichen Lage nicht aktiv nach Arbeit suchen (stille Reserve), und Kurzarbeiter – Personen, die einer geringfügigen Beschäftigung nachgehen, aber gern mehr arbeiten würden. URL: http://de.wikipedia.org/wiki/Unterbesch%C3%A4ftigung URL: http://www.bpb.de/popup/popup_lemmata.html?guid=04BDD0

11 Brautzsch, H.-U.: Arbeitsmarktbilanz Ostdeutschland: „Arbeitsplatzlücke" kaum verringert. In: Wirtschaft im Wandel 12/2005.

12 Kraatz, S.; Rhein, Th.; Sproß, C.: Internationaler Vergleich. Bei der Beschäftigung Älterer liegen andere Länder vorn. In: IAB Kurzbericht. Ausgabe Nr. 5 / 3. 4. 2006.

13 Dienel, H.-L.; Görlitz, D.; Mey, G. et al.: Erfahrungsaustausch zwischen den Generationen in der beruflichen Praxis in Ost- und Westdeutschland. Antrag auf Errichtung eines Generationenkollegs mit anwendungsorientierten Pilotprojekten. Vorgelegt der Robert Bosch Stiftung Stuttgart, Programmbereich 2, im März 2006.

14 Die Erwerbstätigenquote ist der Anteil der Erwerbstätigen an der Gesamtbevölkerung im Alter von 15 bis 64 Jahren. Laut amtlicher Statistik sind Erwerbstätige Personen, die in einem Arbeitsverhältnis stehen oder selbstständig ein Gewerbe oder eine Landwirtschaft betreiben oder einen freien Beruf ausüben einschließlich mithelfender Familienangehöriger, sowie Soldaten und Zivildienstleistende.

15 Reinberg, A.; Hummel, M.: Höhere Bildung schützt auch in der Krise vor Arbeitslosigkeit. In: IAB-Kurzbericht 30/2005, 9 (13. 6. 2005).

16 OECD Organisation für wirtschaftliche Zusammenarbeit und Entwicklung (Hrsg.): Lernen für das Leben. Erste Ergebnisse der internationalen Schulleistungsstudie PISA 2000. Die Deutsche Übersetzung wurde 2001 im Auftrag des Bundesministeriums für Bildung und Forschung erstellt.

17 Kurzauswertung der Ergebnisse von PISA-E 2003 – Ländervergleich von PISA 2003 (Gesamtbericht vom 3. 11. 2005). Düsseldorf, 02. 11. 2005.

18 Goleman, D.: Emotionale Intelligenz. München 1995.

19 Schnur, P.; Zika, Gerd: Nur zögerliche Besserung am deutschen Arbeitsmarkt. Projektion des Arbeitskräftebedarfs bis 2020. In: IAB Kurzbericht, Nr. 12 (27. 07. 2005).

20 Alheit, P.; Dausien, B.; Kaiser, M.; Truschkat, I.: Neue Formen (selbst) organisierten Lernens im sozialen Umfeld. Qualitative Analyse biographischer Lernprozesse in innovativen Lernmilieus. QUEM-Materialien. Nr. 43; Berlin 2003.

21 Weber, P. J: Welche Bedeutung hat Europa – am Beispiel der Lissabonner Strategie – für die Weiterbildungspolitik in Deutschland? Vortrag auf der GEW Herbstakademie. Weimar, 2.– 4. 11. 2006.

22 Pfister, G.; Renn, O.: Nachhaltigkeit und Humanressourcen.
URL: http://elib.uni-stuttgart.de/opus/volltexte/2004/1752/.

23 Zitiert nach Häpke, U.: Nachhaltigkeit: Tugend des Unterlassens? In: Kommune. Jg. 14, Heft 7, 1996, S. 23.

24 Littig, B.; Grießler, E.: Soziale Nachhaltigkeit. Bundeskammer für Arbeiter und Angestellte. Wien 2004.

25 In einem im Auftrag der Österreichischen Bundeskammer für Arbeiter und Ange-stellte verfassten Gutachten heißt es dazu: „Von offizieller Seite aus wurden die negativen Folgen des Entwicklungsprozesses und ihre möglichen Ursachen zuerst 1986 ausführlich im so genannten Brundlandtreport thematisiert, der unter Leitung der Norwegischen Ministerpräsidentin Gro Harlem Brundlandt in Vorbereitung für die UN World Commission on Environment and Development erstellt wurde. Die Analysen des Berichts mündeten in der Empfehlung zur Einleitung einer nachhal-tigen Entwicklung, die, wie bereits erwähnt, Nachhaltigkeit definiert als "develop-ment which meets the needs of the present generation without compromising the ability of future generations to meet their own needs" (World Commission 1987: 43 – 44). Nachhaltige Entwicklung als langfristige politische Strategie markiert eine Wende in der Betrachtung der Zusammenhänge zwischen modernisierender Ent-wicklungspolitik, Armut und globaler Umweltzerstörung auf internationaler Ebene. Der so genannte Brundlandt Report (WCED 1987) und die United Nation Conference on Environment and Development 1992 in Rio gelten als Meilensteine für die Phase der globalen Ökologie". Vgl. Littig/Grießler, 2004.

26 Vgl. Littig/Grießler, 2004.

27 Littig, B.: Feminist Perspectives on Environment and Society. London Harlow et al., Pearson Education, 2001.

28 United Nations (2001): Indicators of Sustainable Development. Guidelines and Methodologies. Download: www.un.org/esa/sustdev/indisd/indisd-mq2001.pdf.

29 Schlutz, E. (Hrsg.): Krise der Arbeitsgesellschaft – Zukunft der Weiterbildung. Frankfurt/M. 1985.
Exner, A.; Lichtblau, P.; Hangel, N.; Schneider, S.; Schweiger, V.: Losarbeiten – Arbeitslos? Globalisierung und die Krise der Arbeitsgesellschaft. Münster 2005.

30 Bergmann, B.: Lernen im Prozess der Arbeit – Funktionsweise und Unterstützungs-möglichkeiten. In: Loebe, H.; Severing, E. (Hrsg.): Weiterbildung auf dem Prüf-stand – Mehr Innovation und Integration durch neue Wege der Qualifizierung. Bielefeld 2006.

31 Scholz, M.: Neue Wege in der Qualifizierung. Einführungsrede, gehalten auf der Tagung „Zukunft der Weiterbildung – Weiterbildung der Zukunft". In: Zentrum für Europäische Wirtschaftsforschung (ZEW) (Hrsg.): Von der Finanzierung der Arbeits-losigkeit zur Förderung von Arbeit. Analysen und Handlungsempfehlungen zur Arbeitsmarktpolitik. Mannheim, August 2000. Weiterbildung auf dem Prüfstand – Mehr Innovation und Integration durch neue Wege der Qualifizierung. Bielefeld 2006.

32 Goodland, R.: Sustainability: Human, Social, Economic and Environmental. In: Encyclopedia of Global Environmental Change. John Wiley & Sons, 2002.

33 Vgl. Goodland, 2002.

34 Geldermann, B.: Der Stellenwert von Bildung und Qualifizierung im demogra-
    phischen Wandel. In: Loebe, H.; Severing, E. (Hrsg.): Weiterbildung auf dem
    Prüfstand: Mehr Innovation und Integration durch neue Wege der Qualifizierung.
    Bielefeld 2006.

35 Gerster, F.: Arbeit ist für alle da. Neue Wege in die Vollbeschäftigung. München
    2003.

36 Zentrum für Europäische Wirtschaftsforschung (ZEW) (Hrsg.): Von der Finanzierung
    der Arbeitslosigkeit zur Förderung von Arbeit. Analysen und Handlungsempfeh-
    lungen zur Arbeitsmarktpolitik. Mannheim, August 2000.

37 Kruppe, Th.: Die Instrumente der Arbeitsmarkpolitik: Welche Rolle spielt die
    Weiterbildung (noch)? In: Loebe, H.; Severing, E. (Hrsg.): Weiterbildung auf dem
    Prüfstand – Mehr Innovation und Integration durch neue Wege der Qualifizierung.
    Bielefeld 2006.

38 „Hartz-Evaluation". Erster Bericht zur Wirksamkeit moderner Dienstleistungen am
    Arbeitsmarkt vorgelegt.
    URL: http://www.bildungsverband-online.de/hartz_evaluation.html

39 Günther, R.: Wissensgesellschaft, Weiterbildung, Weggabelungen. In: Loebe, H.;
    Severing, E. (Hrsg.): Weiterbildung auf dem Prüfstand – Mehr Innovation und Inte-
    gration durch neue Wege der Qualifizierung. Bielefeld 2006.

40 Konsortium Bildungsberichterstattung (Hrsg.): Bildung in Deutschland. Ein indika-
    torengestützter Bericht mit einer Analyse zu Bildung und Migration – im Auftrag
    der Ständigen Konferenz der Kultusminister der Länder in der Bundesrepublik
    Deutschland und des Bundesministeriums für Bildung und Forschung, 2006.

41 Seidel, S.: Erhebungen zur Weiterbildung in Deutschland. In: Feller, G. (Hrsg.):
    Weiterbildungsmonitoring ganz öffentlich. Entwicklungen, Ergebnisse und Ins-
    trumente zur Darstellung lebenslangen Lernens. Bundesinstitut für Berufsbildung
    Bonn, 2006.

42 Osterloh, M.; Frost, J.: Prozessmanagement als Kernkompetenz: Wie Sie Business
    Reengineering strategisch nutzen können. Wiesbaden 1998.

43 Vgl. Bergmann, 2006.

44 Vgl. Kistler, 2006.

45 Vgl. Rump/Eilers, 2006.

46 Lacey, Heather et al.: Journal of Happiness Studies. Juni 2006.

47 Lehr, U.: Heute gejagt – morgen gefragt? In: Weiterbildung – Zeitschrift für Grund-
    lagen, Praxis und Trends. Heft 3, Juni 2005.

48 Vgl. Rump/Eilers, 2006.

49 Böhne, A.; Wagner, D.: Neue Aufgabenfelder für ältere Menschen. In: Speck, P.
    (Hrsg.): Employability – Herausforderung für die strategische Personalentwicklung,
    Konzepte für eine flexible, innovationsorientierte Arbeitswelt von morgen. Wiesba-
    den 2004.

50 Vgl. Rump/Eilers, 2006.

51 Deutsche Gesellschaft für Personalführung e.V. (Hrsg.): Personalentwicklung für
    ältere Mitarbeiter. Bielefeld 2004.

52 Vgl. Lehr, 2005.

53 Vgl. Deutsche Gesellschaft für Personalführung e.V., 2004.

54 Baigger, J. F.: Das Umdenken hat noch nicht begonnen – Ergebnisse einer Unter-
    nehmensbefragung. In: Loebe, H.; Severing, E. (Hrsg.): Wettbewerbsfähigkeit mit
    alternden Belegschaften. Betriebliche Bildung im Zeichen des demografischen
    Wandels. Bielefeld 2005.

55 Bundesministerium für Bildung und Forschung (Hrsg.): Berichtssystem Weiterbil-
    dung IX. Integrierter Gesamtbericht zur Weiterbildungssituation in Deutschland.
    Berlin, Bonn 2006.

56 Bosch, G.: Qualifikation und lebenslanges Lernen. In: Loebe, H.; Severing, E. (Hrsg.):
    Weiterbildung auf dem Prüfstand – Mehr Innovation und Integration durch neue
    Wege der Qualifizierung. Bielefeld 2006.

57 Werner, D.: Trends und Kosten der betrieblichen Weiterbildung – Ergebnisse der
    IW-Weiterbildungserhebung 2005. IW-Trends – Vierteljahreszeitschrift zur empi-
    rischen Wirtschaftsforschung aus dem Institut der deutschen Wirtschaft Köln. Jg.
    33, Heft 1, 2006.

58 Lindemann, M.: Beschäftigung neu denken. Die Zukunft meistern mit alternden
    Belegschaften. In Loebe, H.; Severing, E. (Hrsg.): Wettbewerbsfähigkeit mit
    alternden Belegschaften. Betriebliche Bildung im Zeichen des demografischen
    Wandels. Bielefeld 2005.

59 Institut für Wirtschaftsforschung Halle – IWH (Hrsg.): Demographische Entwicklung in Ostdeutschland. Forschungsauftrag des BMWi (Projekt Nr. 27/04) – Endbericht. Halle, 15. Dezember 2006. URL: http://www.bmwi.de/BMWi/Redaktion/PDF/C-D/demographische-entwicklung-in-ostdeutschland,property=pdf,bereich=bmwi,sprache=de,rwb=true.pdf

60 Vgl. Geldermann, 2006.

61 Vgl. Rump/Eilers, 2006.

62 Kruse, A.; Rudinger, G.: Lernen und Leistung im Erwachsenenalter und Alter. In: Weinert, F.E.; Mandl, H. (Hrsg.): Enzyklopädie der Psychologie-Pädagogische Psychologie: Psychologie der Erwachsenenbildung. Göttingen 1997.

63 Institut für Demoskopie Allensbach (Hrsg.): Der Wert der Freiheit: Ergebnisse einer Grundlagenstudie zum Freiheitsverständnis der Deutschen. Oktober/November 2003.

64 Ministerium für Wirtschaft und Arbeit des Landes NRW (Hrsg.); Richenhagen, G.: Länger gesünder arbeiten. Handlungsmöglichkeiten für Unternehmen im demografischen Wandel. Düsseldorf 2003. Download: http://www.abi-nrw.de/mediabig/176A.pdf

65 Vgl. Rump/Eilers, 2006.

66 Niejahr, E.: Die Entdeckung des Alters. Das Gute an der Rentendebatte: Die Deutschen merken worauf es ankommt. Die Zeit Nr. 8, S. 34, 16. Februar 2006 (Grafik mit gegenwärtiger Verrentung, Zukünftiger Renteneintritt nach der Reform).

67 Baethge, M.; Baethge-Kinsky, V.: Der ungleiche Kampf um das lebenslange Lernen: Eine Repräsentativ-Studie zum Lernbewusstsein und -verhalten der deutschen Bevölkerung. In: Dies. (Hrsg.) Der ungleiche Kampf um das lebenslange Lernen. Münster u. a. O. 2004.

68 Vgl. Deutsche Gesellschaft für Personalführung e.V., 2004.

69 Vgl. Niejahr, 2006.

70 Vgl. Dienel/Görlitz/Mey et al., 2006.

71 Vgl. Niejahr, 2006.

72 Vgl. Deutsche Gesellschaft für Personalführung e.V., 2004.

73 Marramao, G.: Das Zeitsyndrom – und wie ihm abzuhelfen sei. In: Mückenberger, U. (Hrsg.): Bessere Zeiten für die Stadt! Opladen 2001.

74 Zulley, J.: Mein Buch vom guten Schlaf. Endlich wieder richtig schlafen. Was nachts in unserem Körper abläuft. Schlafstörungen erkennen und natürlich behandeln. Mit großem Schlaftest. München, September 2005.

75 Vgl. Deutsche Gesellschaft für Personalführung e.V., 2004.

76 Küstenmacher, W. T.; Seiwert, L.: Simplify Your Life. Einfacher und glücklicher leben. Frankfurt/M. 2004.
Lafargue, P.: Das Recht auf Faulheit. Hamburg 2001.
Nadolny, S.: Die Entdeckung der Langsamkeit. München 1983.
Russell, B.: Lob des Müßiggangs. Zum 85. Geburtstag von Bertrand Russell. Hamburg 1957.

77 Scharioth, J.; Huber, M.; Schulz, K.; Pallas, M.: Horizons 2020. Ein Szenario als Denkanstoß für die Zukunft. TNS Infratest: München 2004.

78 Pätzold, G. (Hrsg.): Handlungsorientierung in der beruflichen Bildung. Frankfurt/M. 1992.

79 Arnold, R.: Vom autodidactic zum facilitative turn – Weiterbildung auf dem Weg ins 21. Jahrhundert. In: Arnold, R./ Gieseke, W.: Die Weiterbildungsgesellschaft, Band 1. Neuwied, Kriftel 1999.

80 Reif, A.; Buck, H. (Hrsg.): Innovationsfähigkeit in der Montage bei sich verändernden betrieblichen Altersstrukturen. Stuttgart 2003.

81 Holzkamp, K.: Lernen. Subjektwissenschaftliche Grundlegung. Frankfurt/M., New York, 1993.

82 Vgl. Holzkamp, 1993.

83 Grotlüschen, A.: Widerständiges Lernen im Web – virtuell selbstbestimmt? Eine qualitative Studie über E-Learning in der beruflichen Erwachsenenbildung. Münster, New York, München, Berlin 2003.

84 Vgl. Holzkamp, 1993.

85 Das Manifest – Elf führende Neurowissenschaftler über Gegenwart und Zukunft der Hirnforschung. In: Gehirn & Geist. Das Magazin für Psychologie und Hirnforschung. Heft 6, 2004.

86 Blakemore, S.-J.; Frith, U.: Wie wir lernen. Was die Hirnforschung darüber weiß. München 2006.

87 Rauch, J.: Wie lernen wir? Bild der Wissenschaft. Heft 1, 2007.

88 Spitzer, M.: Langsam aber sicher. Gehirnforschung und das Lernen Erwachsener. In: DIE Zeitschrift für Erwachsene. Heft 3, 2003.

89 Vgl. Lehr, 2005.

90 Hollricher, K.: Wie altert das Gehirn? Bild der Wissenschaft. Heft 1, 2007.

91 Kade, J.; Seitter, W.: Pädagogische Kommunikation, Umgang mit Wissen, Selbstbeobachtung. Das Pädagogische in der Wissensgesellschaft. In: Grundlagen der Weiterbildung – Zeitschrift für Grundlagen, Praxis und Trends. Heft 1, 2006.

92 Vgl. OECD , 2001.

93 Vgl. Arnold, 1999.

94 Vgl. Kade/Seitter, 2006.

95 Eberhard, V.: Das Konzept der Ausbildungsreife – ein ungeklärtes Konstrukt im Spannungsfeld unterschiedlicher Interessen. Wissenschaftliche Diskussionspapiere des BIBB. Heft 83. Bundesinstitut für Berufsbildung. Bonn 2006.

96 Abicht, L.; Klitzke, B.; Schubert, F.; Weidhaas, I.: Die neue Lernkultur. Ihr Beitrag zur Bewältigung von Fachkräftebedarf, demographischen Wandel und Wandel der Arbeitswelt. Halle im Oktober 2006, unveröffentlicht.

97 Ideenwettbewerb des Bundesministeriums für Wirtschaft und Arbeit. Beschäftigungspakte für Ältere in den Regionen. Bekämpfung der Arbeitslosigkeit bei älteren Langzeitarbeitslosen und Wiedereingliederung in den Arbeitsmarkt durch Entwicklung regionaler Lösungen und die Förderung regionaler Initiativen. URL.: www.fortbildung-bw.de/wb/03_aeltere_an/downloads/beschaeftigungspakte-fuer-aeltere-in-den-regionen.pdf

98 Europäische Kommission. Generaldirektion Beschäftigung und Soziales: Beobachtung der Beschäftigungslage und der sozialen Integration in den Mitgliedstaaten sowie Interventionen des Europäischen Sozialfonds II, Artikel 6 ESF und Anpassung Haushaltslinie B2-1630. Innovative Maßnahmen, die gemäß Artikel 6 der Verordnung über den Europäischen Sozialfonds finanziert werden: „Innovative Ansätze zur Bewältigung des Wandels". Aufforderung zur Einreichung von Vorschlägen VP/2003/021.

99 Abicht, L.; Klitzke, B.; Schubert, F.: Vermittlungsorientierte Weiterbildung. Wie die 70% Hürde zu nehmen ist. IHK Ostthüringen zu Gera, isw Halle 2005.

100 Abicht, L.; Borkenhagen, P.: Qualifizierung im Personalwesen von KMU zur Vorbereitung und Umsetzung innovativer betrieblicher Projekte und Vorhaben – Abschlussbericht zum Modellprojekt, gefördert durch den Europäischen Sozialfond und das Land Sachsen-Anhalt. isw Institut: Halle, Dezember 2000.

101 Vgl. ebd. Arnold; vgl. auch ebd. Abicht/Klitzke/Schubert; vgl. auch Abicht, L.; Schönfeld, P.: Teletutoring in der betrieblichen Lernphase; Eine Handreichung für Telezentren und Erwachsenenbildungsträger – Herausgeber: Bayerisches Staatsministerium für Ernährung, Landwirtschaft und Forsten (erarbeitet auf Anfrage im Rahmen des Projektes top elf). Halle: isw Institut, August 2000.

102 von Rosenstiel, L.: Lernkultur Kompetenzentwicklung als Herausforderung für die Wissensgesellschaft. In: QUEM-report. Schriften zur beruflichen Weiterbildung. Heft 68. Arbeiten und Lernen, Lernkultur Kompetenzentwicklung und innovative Arbeitsgestaltung. Referate auf dem 3. Zukunftsforum, Berlin 2001.

103 Kirchhöfer, D.: Lernkultur. Kompetenzentwicklung – Begriffliche Grundlagen. Arbeitsgemeinschaft Betriebliche Weiterbildungsforschung e.V. (Hrsg.): Berlin 2004.

Malwitz-Schüte, M.: Selbstgesteuertes und selbstorganisiertes Lernen in der Weiterbildung älterer Erwachsener – ein Konzept macht Furore. In: Malwitz-Schüte, M. (Hrsg.) : Selbstgesteuerte Lernprozesse älterer Erwachsener. Im Kontext wissenschaftlicher Weiterbildung. Bielefeld 2000.

104 Internetseite der Arbeitsgemeinschaft Betriebliche Weiterbildungsforschung. URL: http://www.abwf.de.

105 Zitiert nach Bergmann, B.: Lernen im Prozess der Arbeit – Funktionsweise und Unterstützungsmöglichkeiten. In: Loebe, H., Severing, E. (Hrsg.): Weiterbildung auf dem Prüfstand – Mehr Innovation und Integration durch neue Wege der Qualifizierung. Bielefeld 2006.

106 Böhle, F.: Erfahrungswissen hilft bei der Bewältigung des Unplanbaren. BWP Berufsbildung in Wissenschaft und Praxis. Heft 5, 2005.

107 Erpenbeck, J.; v. Rosenstiel, L. (Hrsg.): Handbuch Kompetenzmessung. Stuttgart 2003.

108 Vgl. Erpenbeck/v. Rosenstiel, 2003.

109 Vgl. Erpenbeck/v. Rosenstiel, 2003.

110 Vgl. Bergmann, 2006.

111 Autorenteam unter Leitung von Priv.-Doz. Dr. Lothar Abicht: Qualifizierung von
     Akademikern/innen im Bereich der Nanotechnologie – Fallbeispiele guter Praxis
     der Unternehmen. Empirische Studie im Auftrag der VDI Technologiezentrum GmbH
     (VDI TZ GmbH) mit Mitteln des Bundesministeriums für Bildung und Forschung
     erstellt, 2007.
     URL: http://www.techportal.de/uploads/publications/550/Nano_Akadem_isw_
     final.pdf

Bibliografische Information der Deutschen Nationalbibliothek

Die Deutsche Nationalbibliothek verzeichnet diese Publikation in der Deutschen Nationalbibliografie; detaillierte bibliografische Daten sind im Internet über http://dnb.d-nb.de abrufbar.

ISBN 978-3-7639-3505-5

Lektorat: Jürgen Engler
Gestaltung: Marion Schnepf, www.lokbase.com
Umschlagillustration: Peter Zickermann
Druck und Bindung: Druckerei Lokay e.K.

www.wbv.de

Mix
Produktgruppe aus vorbildlich bewirtschafteten
Wäldern und anderen kontrollierten Herkünften
www.fsc.org Zert.-Nr. IMO-COC-26041
© 1996 Forest Stewardship Council